La casa sana

La casa sana

Cómo saber que su casa ejerce una influencia positiva en su salud

Gina Lazenby

BLUME

BLUME

Título original:
The Healthy Home

Traducción:
Remedios Diéguez Diéguez

Diseño:
Lucy Holmes

Revisión científica y técnica de la edición en lengua española:
Nicoletta Petrovanu de Viloria
Estudio de Arquitectura (Madrid)
(Especialista en arquitectura e interiorismo con aplicación de feng shui, construcción bioclimática y filosofía oriental)

Coordinación de la edición en lengua española:
Cristina Rodríguez Fischer

Primera edición en lengua española 2001
Primera edición en rústica 2007

Av. Mare de Déu de Lorda, 20 - 08034 Barcelona
Tel. 93 205 40 00 - Fax 93 205 14 41
E-mail: info@blume.net

I.S.B.N. (10): 84-9801-183-3
I.S.B.N. (13): 978-84-9801-183-8
Depósito legal: B-1937-2007

Impreso en Talleres Gráficos Soler, S.A.,
Esplugues de Llobregat (Barcelona)

Dedicatoria
Este libro está dedicado a Morel. Gracias por tu inspiración y por nuestra casa. Sin ti, y sin el viaje que hemos compartido, este libro no habría sido posible.

Descargo de responsabilidad
El editor no se responsabiliza de las opiniones expresadas por la autora en este libro.

CONTENIDO

INTRODUCCIÓN

Bienvenidos a *La casa sana*. Mi deseo más sincero es que la información de este libro le ayude a conseguir una vida mejor para usted y su familia. Escribirlo ha sido una de las experiencias más desafiantes e inspiradoras de mi vida. He necesitado dieciocho meses para acabarlo y representa la culminación de años de investigación y experiencia personal.

El proceso comenzó a principios de la década de 1990, cuando empecé a sentirme mal. Mi estilo de vida como directora ejecutiva de una empresa ubicada en el centro de Londres empezaba a pasar factura, aunque en ese momento no me di cuenta. Empecé a introducir algunas mejoras en mi dieta y noté un cambio. Pero siguió un brote de depresión profunda que me obligó a introducir cambios más drásticos en mi estilo de vida. Llevaba un año visitando a una nutricionista cuando ésta me sugirió que tal vez fuese mi casa lo que me hacía sentirme mal. Aunque me gusta considerarme una persona abierta, tengo que decir que no le hice caso. Sin embargo, empecé a explorar esta posibilidad y a observar mi casa y mi estilo de vida desde un nuevo enfoque.

Mi salud mejoró y, a medida que pasaba el tiempo, seguí investigando sobre la profunda conexión que tenemos con nuestras casas. Empecé a interesarme en la aplicación del feng shui y consideré algunos de los retos más modernos a los que nos enfrentamos, y que tal vez los primeros profesionales del feng shui en Extremo Oriente no necesitaban tener en cuenta. He investigado temas como la radiación electromagnética y la contaminación química, dos factores que pueden ejercer una influencia estresante en nuestros hogares.

Durante los últimos años he sido testigo de la gran mejora de salud de muchas personas a través de los cambios ambientales, de modo que me he concentrado más en la relación entre salud y hogar. En 1997, mi compañero –Morel– y yo nos embarcamos en una gran renovación de nuestra casa de campo, donde realmente comenzaron los retos porque pretendíamos crear una casa verdaderamente sana. Lo que hemos conseguido es un lugar maravilloso y tranquilo con el mínimo de contaminación química y eléctrica. Mi experiencia en este tema es, por tanto, muy personal.

Este libro le demostrará que todos necesitamos introducir cambios en nuestra casa y nuestro estilo de vida si deseamos cuidar de nuestra salud y la de nuestras familias. Hacerlo de forma eficaz es un viaje continuo. Ninguno de nosotros tiene todas las respuestas; ni siquiera los expertos se ponen de acuerdo, y las opiniones sobre lo que es correcto cambian con el tiempo.

Este libro se basa, por tanto, en mis opiniones y mi visión personal, y no necesariamente están apoyadas por la práctica o las creencias convencionales. Abarca una amplia gama de temas, cada uno con sus propios especialistas, investigadores y científicos. Aunque me ha sido imposible enumerar todas las fuentes, es mi deseo que este libro le anime a profundizar, a descubrir por sí mismo y a decidirse por los temas que planteo para, posteriormente, ajustarlos a su estilo de vida según su propia perspectiva. En pocas palabras, espero que esta obra le sirva de inspiración.

Para proporcionar información más actualizada, consejos y recursos para emprender este viaje, existe una dirección en Internet que crecerá con las últimas investigaciones y perspectivas sobre el tema. Se puede consultar en *www.gea-es.org*, o bien en *www.thehealthyhome.com* (en inglés); allí encontrará respuestas a sus interrogantes, podrá compartir sus propios descubrimientos y hallará el apoyo de otras personas implicadas en el mismo viaje.

Buena suerte y buena salud.

TEMAS DE SALUD

El siglo XX ha proporcionado a muchas personas acceso a un lujo y unas comodidades sin precedentes, antes inimaginables. Las casas se construyen con todas las comodidades modernas, impensables hace cincuenta años. Las tareas de preparar comidas y de lavar a mano casi han desaparecido por completo de la rutina doméstica. La introducción de alimentos preparados, aspiradores, lavadoras/secadoras, productos de limpieza y materiales nuevos implica que, en teoría, todo el mundo tiene más tiempo libre que nunca. Sin embargo, a principios del siglo XXI, la mayoría de las personas se quejan de la falta de tiempo para hacer cosas.

La vida ha cambiado con gran rapidez en las últimas décadas, y también nuestras expectativas de lo que deseamos conseguir. La tecnología de la información –teléfonos móviles, correo electrónico e Internet– nos ofrece la oportunidad de una comunicación inmediata con cualquiera, en cualquier momento y lugar del planeta. Por tanto, parece extraño que con todos estos avances tecnológicos nos sintamos estresados y dispongamos de menos tiempo libre. Cada vez más personas se dan cuenta de que tienen mucho dinero pero muy poco tiempo, lo que significa que no pueden disfrutar de la vida al máximo.

La cuestión es: ¿nuestro ajetreado estilo de vida nos crea problemas porque tenemos mucho que hacer, o porque no tenemos suficiente energía para hacerlo todo? Si vamos más allá y observamos por qué los niveles de energía se han convertido en un problema, una de las razones es que las presiones de nuestro entorno agotan nuestros recursos emocionales y físicos. Cuando hacemos malabarismos para compatibilizar varios proyectos, somos conscientes de cómo utilizamos nuestra energía. Sin embargo, cuando la fuente de estrés se encuentra en casa, es invisible y desconocida y no nos damos cuenta de la cantidad de energía que gastamos para enfrentarnos a ella.

Estrés en casa

En el pasado, pocas personas consideraban su casa una fuente de estrés. Después de todo, la casa es un lugar seguro, un santuario y un refugio. Cuando, en la década de 1980, las casas tomaron un carácter más acogedor y cómodo, debido en gran medida a los avances en el ocio doméstico, se empezó a pasar más tiempo en casa. En la actualidad, a principios del siglo XXI, las casas siguen siendo importantes porque muchas personas desean refugiarse de las presiones de sus ambientes de trabajo. Hoy más que nunca nuestras casas deben ser lugares sanos que nos favorezcan y nos regeneren, por lo que la idea de que podrían ser las causantes de nuestro estrés supone toda una revelación. Además, se cree que nuestra casa es un reflejo de nosotros mismos, por lo que si ella sufre, también sufrimos nosotros desde los puntos de vista físico, mental y emocional.

El hecho de que la casa puede provocar estrés no es una idea totalmente nueva en Occidente. Tras la segunda guerra mundial, Alemania se embarcó en un gran programa de construcción de viviendas. Este boom fue seguido por el descubrimiento de que las personas que vivían en esas casas comenzaron a sufrir enfermedades y falta de salud. Rápidamente se estableció una relación con los métodos y los materiales de construcción que se habían utilizado. Este hecho condujo a la formación del movimiento Bau Biologie (bioconstrucción), que apoya la visión de que la casa es una extensión del cuerpo humano y de que existen formas de construcción que reconcilian los métodos modernos con la naturaleza. Si realmente estamos conectados con las casas en las que vivimos, es posible que cualquier cambio en su construcción y su contenido ejerza un efecto adverso en nuestra salud.

Nuevos métodos de construcción

Durante los últimos sesenta años en la Gran Bretaña de posguerra se han producido cambios significativos en la construcción de viviendas. El mayor avance tuvo lugar en la década de 1970. Durante los primeros años, la mayoría de las casas se equipaban con calefacción central, que incrementaba los niveles de bienestar y reflejaba la nueva prosperidad del país. Más adelante, el precio del combustible subió notablemente e hizo que la conservación del calor pasara a ser una cuestión muy importante. El siguiente paso fue invertir recursos en construir casas modernas muy bien aisladas, con el resultado de que la ventilación pasó a ser nula. Bau Biologie (bioconstrucción) reconoce que este modo de construcción supone una gran amenaza para nuestra salud.

En la actualidad descubrimos que existen implicaciones entre la salud y el estilo de vida al que nos hemos acostumbrado y al que nos sentimos ligados. Muchas personas viven en casas con niveles cada vez mayores de radiaciones procedentes de ordenadores, televisores, teléfonos móviles, equipos de música y otros aparatos eléctricos.

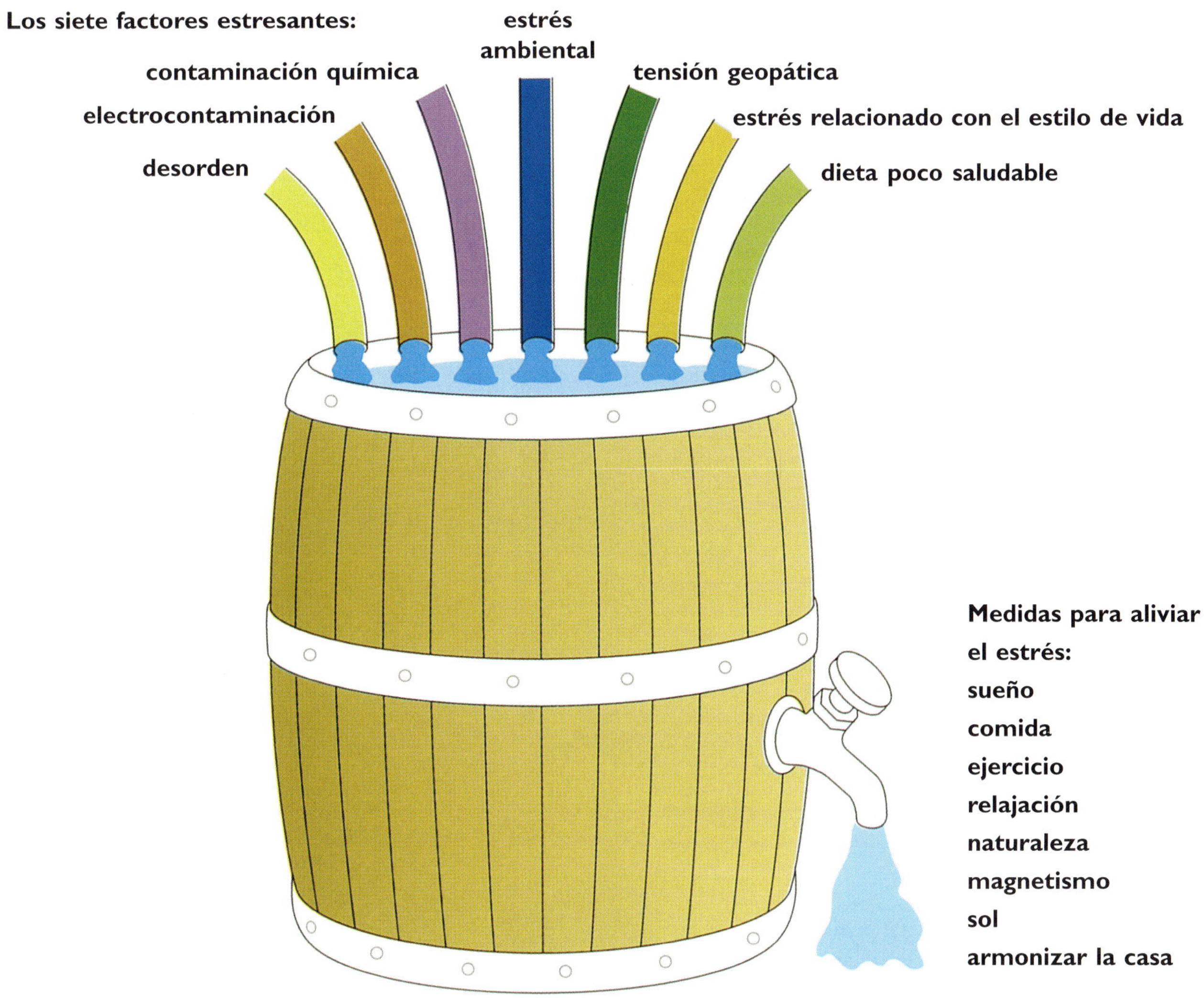

El barril de agua

El concepto del barril de agua constituye un modo de explicar cómo pueden afectar las diferentes fuentes de estrés a nuestra casa y a nuestra vida. Imagine que el agua de un barril es el nivel de estrés. El barril se llena con el agua procedente de las diferentes tuberías. Cuando el nivel alcanza el máximo y comienza a rebosar, significa que nos ponemos enfermos. Cuanto más bajo sea el nivel del barril, mejor será nuestra salud. Lo que tenemos que hacer para mantener el equilibrio es reducir la cantidad de agua que entra en el barril a través de las tuberías. Por tanto, debemos centrarnos en cada una de las tuberías de entrada –que representan el desorden, la electrocontaminación, la contaminación química, el estrés ambiental, la tensión geopática, el estrés relacionado con el estilo de vida y la dieta poco saludable–, y trabajar en cada una de ellas para reducir su capacidad de llenar el barril. Además de cambiar la entrada de agua en el barril, o cuando nuestros esfuerzos no son efectivos, debemos centrarnos en el grifo para que el agua salga por la parte inferior del barril.

Los modos de abrir el grifo para reducir eficazmente las fuentes de estrés incluyen el sueño, una buena dieta, el ejercicio, el contacto con la naturaleza, la relajación, el magnetismo, el sol y la creación de armonía en nuestra casa. El objetivo es incorporar todas estas técnicas antiestrés en nuestras rutinas cotidianas. Si prestamos atención a nuestro entorno, estemos donde estemos, minimizaremos el flujo de cada uno de los factores estresantes mencionados y podremos gozar de una vida más sana y más feliz, llena de vitalidad y esperanza.

En mi opinión, la depresión está directamente relacionada con el estrés provocado por esos campos electromagnéticos. El Prozac es un fármaco con un éxito espectacular; se calcula que la toman 35 millones de personas en todo el mundo. Según mi punto de vista, existe una conexión entre el uso de este fármaco y la presencia dominante de la tecnología en nuestras vidas. En vista de este dato, la depresión posee el potencial de convertirse en una nueva epidemia mundial. En la actualidad es la principal causa del fin de una vida productiva en personas de 15 a 44 años, y junto con el resto de problemas mentales representa un 25 % de las enfermedades en Europa. En mayo de 1999 se calculó que 330 millones de personas en todo el mundo sufrían depresión, y cada año en América diecinueve millones de adultos desarrollan una enfermedad depresiva.

El estilo de vida moderno, con lujos, excesos y dependencia tecnológica, que hemos creado y al que nos hemos adaptado empieza a relacionarse cada vez más con cuestiones de salud. Mi experiencia me ha demostrado que las toxinas de los productos de limpieza, los muebles y las telas influyen en nuestra salud. Los alimentos que consumimos y el agua que bebemos están llenos de pesticidas y sustancias químicas porque se pensaba que éste era el mejor modo de disponer de frutas y verduras sin plagas y de agua limpia.

A lo largo de este período de prosperidad material, la salud de las naciones occidentales se ha deteriorado en muchos aspectos, y me gustaría relacionar este hecho con el modo en que vivimos. La existencia de muchas personas está desequilibrada por el estrés, situación que conduce en muchos casos a problemas físicos y mentales. En algunos países europeos, por ejemplo, la principal causa de muerte es la enfermedad cardiovascular, que abarca infartos y accidentes vasculares cerebrales. El siguiente en la lista es el cáncer que, según las cifras publicadas por la Cancer Research Campaign (CRC), es responsable del 27 % de las muertes en Europa. La CRC afirma que el 70 % de los diferentes tipos de cáncer guarda alguna relación con un estilo de vida poco saludable. Cada año se diagnostican cientos de miles de nuevos casos. Los expertos en salud creen que el estrés es uno de los principales desencadenantes de estas enfermedades, actualmente las más mortíferas en el mundo occidental. Por tanto, si encontramos el modo de reducir el estrés con mayor eficacia tendremos más oportunidades de evitar las enfermedades.

Además de protegernos contra estas enfermedades, cada vez es más evidente que existe un creciente número de alteraciones cotidianas que erosionan el bienestar y reducen la calidad de vida. Las alergias y enfermedades como el asma y la diabetes también parecen ir en aumento. El asma, muy asociado a las toxinas ambientales y la calidad del aire, afecta a millones de personas en los países industrializados. Los niveles de fertilidad han descendido en muchos países desarrollados, y se cree que esta situación está relacionada con las sustancias químicas presentes en el agua, los pesticidas de los alimentos y la exposición a la radiación de los ordenadores. En el caso de los hombres, la fertilidad ha descendido en un 50 % en los últimos sesenta años.

Se espera que la incidencia de la diabetes, una enfermedad asociada con el consumo excesivo de alimentos azucarados y procesados, cada vez más populares, alcance cifras millonarias en la próxima década. Existen 123 millones de diabéticos en todo el mundo. La British Diabetic Association afirma que además de los 1,4 millones de enfermos del año 2000, hay un millón más de personas a las que todavía no se les ha diagnosticado la enfermedad. Si tenemos en cuenta el estilo de vida cada vez más sedentario que llevamos, resulta preocupante comprobar los resultados de una investigación de la universidad de Harvard (publicada en 1999) realizada con 40.000 hombres a lo largo de diez años. Este estudio llegó a la conclusión de que las personas que veían una media de cuarenta horas semanales la televisión tenían el doble de posibilidades de desarrollar diabetes frente a los que la veían menos de dos horas.

Muchas personas se acostumbran a llevar vidas más restrictivas, a soportar el dolor y las incomodidades porque creen que sus síntomas son propios del envejecimiento. Sin embargo, una buena salud no sólo es la ausencia de enfermedad, sino que además consiste en tener vitalidad y sentirse feliz. Y esto puede convertirse en una posibilidad real si revisamos nuestra dieta e incluimos más productos orgánicos, y si introducimos los cambios en nuestro entorno que se recomiendan en este libro. Contemple su casa con una mirada nueva y considere qué cambios puede introducir para devolver el equilibrio a su salud y a su vida.

57

UNO

Los siete factores estresantes

Nuestra capacidad para enfrentarnos a los hechos cotidianos constituye un indicador fiable de nuestra salud física, mental y emocional. Este capítulo trata de los siete aspectos de la vida y de nuestro entorno que provocan estrés: el desorden, las radiaciones electromagnéticas, la contaminación química, el estrés medioambiental, la tensión geopática, el estrés relacionado con el estilo de vida y la dieta poco saludable. Cada uno de ellos ejerce un impacto considerable en nuestra salud y nuestro bienestar. Aunque un solo factor estresante puede tratarse por separado sin desequilibrar demasiado el cuerpo, el efecto acumulativo de unos cuantos puede resultar muy negativo.

DESORDEN

«Espacio y luz y orden. Esto es lo que los hombres necesitan tanto como el pan o un lugar para dormir.»
Le Corbusier

Nuestra casa es otro aspecto de nosotros mismos. Es nuestra realidad exterior y refleja lo que ocurre en nuestro interior y en nuestras vidas. El aspecto de nuestra casa y el modo en que la organizamos se convierten en barómetro no solamente de nuestra salud física, sino también de nuestro bienestar mental, emocional y espiritual. Si nuestra casa está bien ordenada, nuestra rutina será estructurada y nos ofrecerá apoyo. De forma similar, si vivimos en un espacio demasiado caótico o muy desordenado, representa un estilo de vida que podría ser confuso, letárgico y carente de energía. Cuantos más objetos tenga guardados, como álbumes de fotografías olvidados y bolsas de ropa que ya no utiliza, más reflejarán estancamiento en su vida y la necesidad de limpiar toxinas ocultas.

DERECHA Coleccionar objetos puede convertirse en un hábito difícil de abandonar. En un determinado momento, los objetos físicos comienzan a ocupar su espacio... y su vida. El desorden, sobre todo el que se encuentra por encima de la cabeza, puede representar que su vida le oprime. Despeje el espacio y libere su vida.

EXTREMO DERECHA Tener la ropa organizada, sobre todo la de trabajo, le permitirá comenzar el día de forma tranquila y ordenada. No tener todo a mano cuando se va con prisas puede resultar estresante, y ese estrés podría quedarse con usted todo el día.

Un entorno muy abigarrado absorberá su vitalidad y hará que resulte difícil la circulación de energía positiva en su casa. Puede provocar depresión y bloquear su conexión con su parte espiritual e intuitiva. Realizar una buena limpieza favorece el desarrollo de su creatividad y su sabiduría interior.

El desorden en el hogar es una enfermedad de finales del siglo XX. La mayoría de los habitantes del mundo occidental sufren el mal de tener demasiadas posesiones y, al mismo tiempo, disponen de muy poco tiempo para hacer lo que desean. En resumen, nuestras vidas están demasiado llenas. Considere cómo se puede relacionar el desorden de su vida con la saturación que existe en su casa. Observe sus armarios y sus cajones y compruebe también cuántos están rebosantes. Revise el contenido de su ropero y pregúntese cuál es el porcentaje de ropa que utiliza habitualmente y cuál el de prendas que no ha llevado desde hace dos o más años. Las investigaciones realizadas demuestran que la mayoría de nosotros sólo utilizamos de forma habitual alrededor del 20 % de nuestra ropa. Considere, asimismo, si su ropa refleja quién es usted actualmente, o si ha evolucionado desde que la compró.

Definición del desorden

El desorden es todo aquello que le hace sentir bajo de energía, deprimido o triste cuando lo mira o piensa en él. Se definiría como cualquier cosa que:

- *No se utilice habitualmente.*
- *No guste.*
- *Esté guardada en un lugar inadecuado.*
- *Esté a medio terminar, como una prenda de punto o un trabajo manual.*
- *Esté apretada en un espacio demasiado pequeño.*
- *Objetos rotos y aparatos que no se pueden utilizar si no se arreglan.*
- *Un regalo no deseado.*

A algunas personas les gusta reunir grandes colecciones de objetos temáticos. En ocasiones, lo que empieza como una diversión al comprar dos ranas de porcelana, por ejemplo, se convierte en una enorme colección si todos sus amigos deciden regalarle objetos similares. Las colecciones están bien si realmente tienen algún significado y se aprecian, pero pueden escaparse de las manos. Por tanto, cuando observe las estanterías llenas de muñecas, teteras, cucharas o conejos, pregúntese si realmente representan su personalidad actual o la persona que quiere llegar a ser. Si no es así, habrá llegado el momento de plantearse si se deshace de la colección.

Recuerde que todo lo que nos rodea se comunica con nosotros o nos afecta de algún modo, y los símbolos siempre guardan relación con nuestro subconsciente.

SUPERIOR Disponer de abundantes estanterías apoya nuestras mejores intenciones de ser ordenados. Revise sus estanterías al menos cada tres meses para comprobar qué es lo que guarda. Retire todo lo que no resulte útil o esté pasado de moda.

SUPERIOR IZQUIERDA Los cajones proporcionan una buena solución para empezar a ordenar su espacio. Por tener una capacidad limitada, puede empezar a seleccionar las cosas de forma gradual. Un pequeño éxito le dará energía para embarcarse en algo de mayor envergadura.

SUPERIOR DERECHA Compruebe que las notas que tiene en el espacio reservado para ellas sean vigentes. Si nunca las actualiza, no les prestará atención.

EXTREMO DERECHA Evalúe qué es lo que hay en sus estanterías. Aferrarse a las cosas es sinónimo de aferrarse al pasado. El hecho de confiar en que tendrá todo lo que necesite en el futuro indica una visión más saludable de la vida.

Cómo nos afecta el desorden

La acumulación de muchos objetos en una habitación hace que ésta resulte siempre muy limitada. Demasiados muebles, cuadros o adornos en las estanterías hacen que la decoración de fondo apenas se aprecie, y el espacio acaba por parecer abarrotado y apretado. Probablemente, se sentirá atraído por otra habitación más relajante en la que la vista no se distraiga tanto y la energía pueda fluir con mayor libertad.

Si tiene montones de revistas y correo comercial que no ha leído, cartas sin abrir, labores de punto sin terminar u objetos a la espera a ser devueltos a su estante después de usados, su efecto negativo se acumulará con el paso del tiempo. Empezarán a restringirle físicamente, y descubrirá que se ve obligado a moverse entre todo ese material acumulado. Esta restricción se convierte en metáfora de algún aspecto de su vida en el que transige y se conforma con menos, y acaba aceptando llevar una vida que realmente no es la que desea. El desorden tiende a limitar la energía de una habitación al hacerla más lenta y pesada, lo que a la larga le creará problemas.

Por qué necesitamos acabar con el desorden

Para que su vida discurra con mayor facilidad debe asegurarse de que la energía fluya fácilmente en su casa. Cuando la energía se bloquea, los acontecimientos y las circunstancias de su vida también se paralizan. Elimine los obstáculos físicos que haya en su espacio y acabará con los impedimentos que frenan su éxito.

Vivir en un ambiente desordenado confunde, resta claridad y capacidad de tomar decisiones, de manera que resulta más difícil decidir cómo progresar y seguir hacia delante. Su mundo exterior refleja su vida interior, por lo que la acumulación de desorden resulta muy nociva: dificulta el flujo de energía en el interior y, en consecuencia, nuestra fuerza vital. Una de las zonas más importantes en cuanto a la eliminación de objetos que no se utilizan es la entrada y el recibidor de la casa a fin de permitir que el espacio «respire» la energía necesaria. La analogía consiste en que si impide este flujo de energía con desorden y muebles innecesarios, provocaría problemas respiratorios a los ocupantes de la casa.

Acabar con el desorden constituye un poderoso método para tomar las riendas de su vida. Seleccionar y deshacerse de las posesiones innecesarias le permitirá seguir adelante y dejará espacio para que entren en su vida nuevas oportunidades.

Cuando se haya asegurado de que su casa está limpia y, por tanto, también lo está su vida desde un punto de vista simbólico, descubrirá que las cosas tienen tendencia a caer dentro de su modelo preferido. Pueden llegar cheques inesperados o podría tener noticias de un amigo del que no sabía nada desde hacía mucho tiempo. A veces he descubierto que cuando necesito a alguien o algo, aparece como surgido de la nada, como si hubiese allanado el camino para que hiciese acto de presencia.

El antídoto para una vida complicada consiste en crear sencillez

Existe un movimiento denominado Voluntary Simplicity (sencillez voluntaria), que se inició en Estados Unidos, que refleja la búsqueda del equilibrio en la vida. Su filosofía está orientada a la necesidad de crear una vida sencilla por fuera pero rica por dentro. Esta idea se relaciona con el hecho de que cuanto más se posee, menos libertad se tiene, ya que se adquieren responsabilidades que se suman a su campo de energía psíquica. Se aboga por una vida más consciente en la que nos nutramos más a través de la conexión con el espíritu y la naturaleza y menos con los bienes materiales y la posición social. No se trata de pobreza o minimalismo, sino de ser conscientes de las implicaciones de todo lo que compramos o hacemos a los demás y al planeta.

Cómo acabar con el desorden

- *Hágalo paso a paso. Comience con un cajón, siga con un armario completo y descubrirá que no puede evitar ordenar toda una habitación: cuanto más se hace, más fácil resulta.*

IZQUIERDA Sea organizado y creativo para encontrar modos de guardar las cosas que necesita y le gustan. En un mundo con cambios tan rápidos, debemos ser flexibles y adaptables a fin de acomodarnos a las nuevas experiencias. Tener un hogar más despejado y organizado ayuda a disfrutar de un estado de ánimo más positivo.

SUPERIOR Es preciso reparar los grifos que gotean y sustituir las pilas gastadas. Si no lo hace, le quitarán energía.

SUPERIOR DERECHA Nunca deje sin arreglar algo que se haya roto. No espere hasta que empiece a molestarle. Llevar al día el mantenimiento de la casa es una inversión, y no sólo para su hogar, sino también para usted.

- *Motívese a sí mismo centrándose en la razón por la que desea disfrutar de más energía y oportunidades. Parece increíble, pero he conocido casos de personas que han recibido cheques (algunos muy sustanciosos) a los pocos días de tirar bolsas y bolsas de objetos inútiles. Pruébelo para su beneficio.*
- *Limpie su casa con técnicas de armonización del hogar (*véanse *págs. 108-110**). Le aportarán energía si tiene problemas para empezar.*
- *Convenza a un amigo para que le ayude. Los amigos pueden ser más implacables y menos emocionales en los casos en que se muestre reticente a deshacerse de algo.*
- *Empiece la limpieza en el piso superior (si vive en una casa de varios pisos) y deshágase de todo aquello que flota sobre su vida. Revise el sótano y averigüe si lo que hay guardado en él representa una molestia constante para su subconsciente sobre acontecimientos del pasado sin resolver.*
- *Cree una sensación de orden en su vida teniendo al alcance de la mano todo aquello que necesite. Organice su espacio de trabajo y de estudio, ya que ahorrará tiempo y reducirá el posible estrés.*
- *Introduzca la limpieza como una práctica que se pueda extender a todos los aspectos de su vida, y no sólo a su casa: consulte su diario, sus compromisos, racionalice sus ficheros informáticos, examine todos los modos que tiene de emplear su tiempo.*
- *Prepárese para experimentar algún ajuste de energía o salud a medida que arregla las cosas externas. Del mismo modo que se levantan desagradables nubes de polvo cuando se realiza una buena limpieza, también puede ocurrir en su cuerpo y sentirse peor antes de sentirse mejor.*
- *Observe un objeto y pregúntese si le gusta. Si no es así y no resulta útil, deshágase de él.*
- *Regale los objetos que a su vez le regalaron parientes y amigos y que no le gustan. No se culpe ni deje que las cosas ocupen su espacio sólo porque eran apreciadas por otra persona.*
- *Si compra un nuevo objeto, elimine otro viejo.*
- *Debe tener claro quién es usted y qué es lo que quiere (*véase *mapa del tesoro, pág. 70**). Cuando adopte un nuevo papel o comience una nueva etapa en su vida, le resultará muy útil evaluar sus posesiones en términos del «futuro yo» y no del «antiguo yo». Así reconocerá que muchas piezas de ropa y libros formaban parte de una fase que ya está superada.*

Mantenimiento del hogar

Es importante mantener en óptimo funcionamiento los aparatos eléctricos o mecánicos de nuestra casa. Cuando se vive entre objetos que no funcionan, éstos nos roban energía vital y se convierten en otra fuente de estrés. Ponga su casa en orden y asegúrese de que todo funciona. Llame al fontanero para reparar una gotera; arregle ese desagüe roto; tire los plomos fundidos o cambie la bombilla. No deje que estos problemas se acumulen y absorban su energía por más tiempo; ni siquiera los ponga en una lista de tareas: actúe de inmediato para solucionarlos.

ELECTROCONTAMINACIÓN

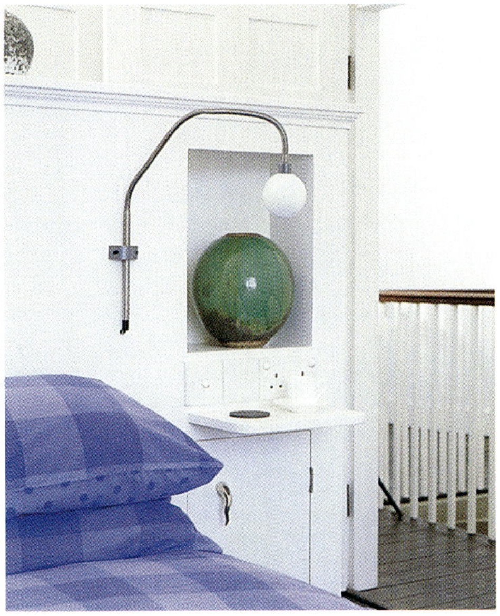

SUPERIOR Existe tanta contaminación eléctrica dentro de nuestras casas como fuera (y en algunos casos puede ser incluso peor la de dentro). Nuestras casas están totalmente llenas de cables para proporcionar electricidad con sólo pulsar un interruptor.

IZQUIERDA Cada vez más estudios demuestran que las casas que se encuentran cerca de las líneas de alta tensión resultan más afectadas que las que se hallan más lejos. Las líneas de alta tensión, las antenas de radio, televisión y telefonía móvil constituyen una fuente de electrocontaminación desde el exterior de nuestras casas, fuente que va en aumento.

Mucho antes de que se descubriese la electricidad, la naturaleza estaba dominada por campos electromagnéticos que cambian rítmicamente y que prestan un gran apoyo al desarrollo de la vida. Estos campos incluyen el calentamiento diario de la superficie terrestre con sus suaves ondas infrarrojas y la oscilación continua y suave del campo magnético natural de la tierra. Cuando hablamos de campos electromagnéticos (CEM) dañinos, nos referimos a las emisiones de fuentes artificiales como las señales de onda de radio y las microondas. Cada vez más científicos y personas no expertas en esta materia creen que algunas frecuencias son perjudiciales, y los términos *electrosmog* y electrocontaminación describen la naturaleza poco agradable de algunas de las frecuencias. Los CEM que rodean nuestras casas representan un peligro para la salud, aunque la población apenas tiene información sobre ellos. Los CEM que creamos poseen una resonancia antinatural que hace que resulten perjudiciales para nuestro cuerpo.

¿De dónde proceden los CEM?

La transmisión en cadena de televisión y radio genera un enorme campo electromagnético de fondo en todo el mundo. Actualmente, además, existe el problema añadido de la radiación procedente de los teléfonos móviles.

Aparte de los sistemas de comunicación, la otra fuente de radiación es el suministro de electricidad a través de las líneas de alta tensión. Asimismo, se absorben radiaciones cuando se viaja en coche, tren y avión. En la obra *Handbook of Biological Effects of Electromagnetic Fields*, de C. Polk y E. Postow, se mencionan miles de estudios internacionales sobre los efectos de la electrocontaminación. Gran parte de los resultados subrayan la preocupación sobre la mayor incidencia de enfermedades y cáncer en las personas que viven cerca de líneas de alta tensión, por ejemplo.

Dentro del hogar podemos vernos afectados por los cables que atraviesan la estructura del edificio, así como por la elección sobre los diferentes aparatos eléctricos. Todo lo que funciona con electricidad irradia un campo electromagnético de los cables y también a través del aparato en sí. La ubicación de estos aparatos, cuándo y con qué frecuencia se utilizan, y el tipo y el recorrido de los cables ejercen un impacto en nuestra salud. Casi todas las casas conectadas a la red de suministro eléctrico presentan algún nivel de radiaciones electromagnéticas indeseadas y perjudiciales. La radiación de los circuitos eléctricos se prolonga incluso cuando hemos desenchufado todos los aparatos y apagado las luces. Lo que debe averiguar es ese nivel y decidir qué puede hacer para que descienda.

¿Cómo afectan los CEM al cuerpo?

Los campos electromagnéticos afectan a todos, pero cada uno reaccionamos de forma distinta. Alasdair Philips, de Powerwatch (servicio británico de información al consumidor sobre la radiación electromagnética), afirma que alrededor del 5 % de la población está considerada como muy sensible a los campos eléctricos. Las pruebas realizadas con estas personas demuestran que experimentan daños fisiológicos en los nervios periféricos. Estas personas se sentirán incómodas en un ambiente sobrecargado de electricidad mucho antes que el resto, pero eso no significa que sólo ellas resulten afectadas.

Dado que la comunicación entre células está regulada por señales electromagnéticas minúsculas, los CEM pueden provocar problemas en el cuerpo suprimiendo, por ejemplo, la capacidad del sistema inmunológico para protegernos contra las bacterias y los virus invasores. La exposición a CEM muy altos, sobre todo alrededor de la cabeza, puede interferir en la eficacia de la glándula pineal –parte del sistema endocrino–, que libera las hormonas melatonina

SUPERIOR El salón típico está lleno de «juguetes» eléctricos, incluyendo la televisión y el equipo de música. Cuando intentamos relajarnos en estos ambientes cargados de campos electromagnéticos, podemos llegar a sentirnos más cansados.

DERECHA Resulta importante asegurarse de que no existen campos electromagnéticos elevados cerca de la cabeza en el dormitorio, ya que influirán negativamente en la calidad reparadora del sueño.

y serotonina. La melatonina controla el ritmo diario del cuerpo y los patrones de sueño y vigilia. Los problemas de sueño están relacionados con una deficiencia de esta hormona. Lo mismo se aplica al aletargamiento, los trastornos psíquicos, la inmunodeficiencia y los cambios de humor. Situar la cabeza en un campo electromagnético, como el que genera un secador de pelo o un radiodespertador eléctrico junto a la cama, puede reducir significativamente el nivel de esta hormona inductora del sueño. En cuanto a la serotonina, se cree que controla los estados de ánimo y de conciencia. Se ha descubierto que cuando el nivel de serotonina desciende se tienen probabilidades de sufrir una depresión.

¿Con qué trastornos se relacionan los CEM?

La exposición habitual a la radiación electromagnética posee una relación indiscutible con diversas dolencias: depresión, enfermedades por inmunodeficiencia, encefalomielitis miálgica, Alzheimer, leucemia infantil y cáncer. Los primeros síntomas de esas enfermedades pueden ser fatiga general, falta de concentración, cambios de humor y pérdida de rendimiento, todos ellos síntomas de la exposición a las radiaciones electromagnéticas.

Nadie ha demostrado una relación concluyente entre las radiaciones electromagnéticas elevadas y estas enfermedades y, sin embargo, estoy convencida de que esa relación es algo que no debemos ignorar y que tendríamos que emprender un camino positivo para reducir su impacto.

Las zonas de tejido blando del cuerpo (orejas, pecho y testículos) resultan sensibles a las radiaciones de microondas y, por tanto, son víctimas potenciales de futuros problemas de salud. Estamos ante un campo de investigación en plena evolución, y se calcula que se pueden tardar entre diez y treinta años en detectar efectos negativos en adultos.

El problema de los CEM, hoy

Hasta la década de 1920, cuando comenzaron las transmisiones de radio, los únicos campos electromagnéticos que se experimentaban eran las resonancias naturales de la tierra. Todas las formas de vida han evolucionado al ritmo de esas vibraciones, pero esto ha sufrido cambios importantes durante el siglo XX, cuando las radiaciones han pasado de casi 0 en 1900 a niveles millones de veces más altos cien años después. Primero fueron las transmisiones de radio; después, los radares, seguidos de la televisión y, más recientemente, de las radiaciones de microondas de la telefonía móvil. Esta mezcla de radiaciones es tan «ruidosa» y molesta que nos aísla de la resonancia calmante y natural de la tierra.

IZQUIERDA En 1984, la Organización Mundial de la Salud publicó un estudio de los profesores Johansson y Aaronsson que demostraba que después de cuatro horas de exposición ante la pantalla de un ordenador la capacidad del cuerpo para enfrentarse al estrés se ve seriamente afectada y que el tiempo necesario para recuperarse es superior al que muchas personas pasan fuera de la oficina (15 horas). Tras una semana, el cansancio se acumula y muchas personas experimentan insomnio y un agotamiento fuera de lo normal, un aumento de la tendencia a cometer errores y, en muchos casos, trastornos hormonales y pérdida de deseo sexual. Un protector de pantalla limitará los efectos de estas radiaciones.

Nuestro cuerpo necesita vivir en armonía. Está diseñado para adaptarse a los ritmos electromagnéticos de la tierra, pero le resulta difícil enfrentarse a las intensas frecuencias de radiación a las que hoy se ve sometido. Los consejos de seguridad de diversos países han decretado los niveles de seguridad en la industria en cuanto a los CEM relacionados con una exposición prolongada más que a los bajos niveles a los que nos exponemos cada día.

Tengo pruebas de que la exposición constante a radiaciones electromagnéticas puede dejar el cuerpo en un estado vulnerable, más propenso a enfermedades graves. Puede permanecer así hasta que aparezca un desencadenante que active un cáncer.

Una investigación reciente llevada a cabo en Escandinavia corrobora la afirmación de que cada vez más personas (sobre todo los usuarios habituales de ordenadores y teléfonos móviles) son sensibles a la electricidad. Estas personas comienzan a desarrollar una gama de síntomas cuando entran en contacto incluso con los campos electromagnéticos más suaves. Asimismo, pueden manifestar un aumento de la sensibilidad a los productos químicos. Powerwatch calcula que un sorprendente 20 % de la población británica en el año 2000 es sensible a la electricidad, un salto con respecto al 10 % de 1990.

Los niveles de seguridad electromagnética establecidos por las autoridades occidentales (incluyendo la Comisión Internacional sobre Protección de Radiación No-ionizante) sólo se refieren a la exposición prolongada a elevadas dosis de radiación, lo que puede provocar sobrecalentamiento y electrocución, más que a las dosis bajas a las que estamos expuestos constantemente. Expertos y científicos creen que el mayor peligro radica en los efectos a largo plazo y que es más dañino exponerse a una pequeña dosis de radiación electromagnética durante un período de tiempo más largo que a una dosis mayor durante poco tiempo.

Consejos para reducir los CEM

- *Mida los campos electromagnéticos (véanse págs. 28-29) de su casa, en especial cerca de las zonas de descanso y de las camas.*
- *Intente alejar las sillas y las camas de los puntos donde se detecten niveles elevados de CEM.*
- *Proteja los cables nuevos dentro de tubos metálicos conectados a tierra.*
- *Conecte a tierra los aparatos con doble cable como los ordenadores portátiles, las lámparas de escritorio y las lámparas de noche con base o pantalla metálica a fin de reducir la radiación.*
- *Las paredes con campos electromagnéticos elevados se pueden proteger con láminas de metal conectadas a tierra.*
- *Instale interruptores que corten automáticamente el suministro por la noche, de manera que la electricidad pase por esos circuitos únicamente cuando sea necesario, ya sea para encender una luz o poner en marcha un aparato.*

Cómo protegerse de los CEM

- *Las personas que crean estar desarrollando sensibilidad a la electricidad deberían evitar las prendas hechas de materiales sintéticos, ya que amplifican los CEM. En su lugar, conviene utilizar materiales naturales como algodón, lana y seda.*
- *Tome alimentos que equilibren su propio sistema energético, como productos integrales.*
- *Desarrolle energía mediante la práctica de disciplinas como tai chi, qi gong, aikido y yoga.*
- *Utilice productos que incrementen su propio campo de energía a fin de contrarrestar las radiaciones electromagnéticas.*
- *No se seque el pelo con secador por la noche, ya que puede afectar negativamente a su descanso.*
- *Lo ideal sería utilizar un secador de pelo con el motor sujeto a la pared y un difusor separado por el que no pase electricidad.*

Uso de aparatos protectores

Personalmente he comprobado el funcionamiento de los aparatos de protección, como los collares especiales que pueden proteger el sistema biológico de nuestro cuerpo contra las interferencias electromagnéticas dañinas. Estos objetos están diseñados para corregir la resonancia del cuerpo y devolverlo a su frecuencia natural. No siempre dan buenos resultados, de modo que conviene examinar los que existen y elegir uno que ofrezca garantía de reembolso.

Uso de ordenadores

La pantalla del ordenador nos expone a una fuente de radiación, problema más grave para aquellas personas que trabajan con ordenadores. Las pantallas ayudan a filtrar esos rayos, pero pierden eficacia a medida que pasa el tiempo. Actualmente, los fabricantes producen monitores con capas especiales para reducir de forma significativa el campo eléctrico de radiación. Así, los filtros resultan innecesarios en la mayoría de los casos, pero sigue existiendo el problema de las radiaciones y las ondas magnéticas.

Experimentos efectuados en Francia demuestran que los espermatozoides mueren cuando se exponen a la radiación de un monitor de ordenador con un tubo de rayos catódicos. Existen millones de ordenadores personales en uso en todo el mundo. Creo que este dato guarda relación con el hecho de que la fertilidad en los países occidentales haya descendido notablemente. El estudio publicado en octubre de 1997 de *Psychology Today* demuestra que la fertilidad masculina ha descendido en un 50 % en los últimos sesenta años. En los quince años trans-

IZQUIERDA Esta televisión está encerrada dentro de un armario, de modo que queda oculta cuando no se utiliza. Si tiene equipo eléctrico en su dormitorio, acuérdese de desconectarlo antes de irse a dormir. No deje la televisión en modalidad *standby* durante toda la noche.

DERECHA Muchas casas cuentan hoy con un ordenador, por lo que es preciso ser especialmente cuidadoso con los niños si ellos lo utilizan. Estarán sentados a una distancia aproximada de 60 cm con respecto a la radiación de la pantalla, de modo que es importante restringir el tiempo de uso e instalar un protector que reduzca el efecto en el cuerpo en desarrollo de los pequeños.

EXTREMO DERECHA Los descubrimientos de la British Defence Establishment Research Agency demostraron que las señales de los teléfonos móviles pueden provocar problemas en las zonas del cerebro encargadas de la memoria y el aprendizaje. Existe una preocupación creciente por la relación entre el uso del teléfono y los tumores cerebrales, y por el hecho de que las mujeres embarazadas y los niños son especialmente vulnerables.

currìdos desde 1971 a 1986, la incidencia de cáncer de testículos y de próstata ha aumentado en un 52 % y en un 57 % respectivamente.

La información sobre los efectos biológicos de las radiaciones electromagnéticas pulsadas me lleva a la conclusión de que algunos trabajos, como el de las personas que pasan horas sentadas ante un monitor (expuestas a campos electromagnéticos elevados), provocan un porcentaje mucho mayor de fatiga crónica, problemas visuales y síntomas típicos de gripe y catarro que otros trabajadores. La exposición habitual se ha relacionado con una tendencia a reducir la frecuencia del acto sexual, la concentración y la fertilidad, y con el aumento del riesgo de aborto. Un estudio realizado por la Reading University en la Southampton Health Authority descubrió que la neutralización de estas radiaciones reduce los síntomas de problemas respiratorios en un 40 %.

Consejos para reducir los efectos nocivos del ordenador

- *Utilice una pantalla protectora que haya sido probada científicamente para erradicar los efectos de la radiación de las pantallas de rayos catódicos de las televisiones y los ordenadores.*
- *Algunas personas afirman que determinados cristales terrestres, como el cuarzo natural, la fluorita y la turmalina negra, absorben parte de las emisiones electromagnéticas si se colocan cerca del ordenador.*
- *Si trabaja con ordenador, haga pausas regulares a lo largo del día. Pida información sobre los aparatos de barrera útiles para reducir los efectos de la radiación. Si sufre dolores de cabeza y tensión ocular frecuentes, hable con su jefe sobre el modo de evitar la exposición continuada a las emisiones electromagnéticas del ordenador.*

CEM y pantallas de televisión

Los monitores de televisión y de videojuegos contienen tubos de rayos catódicos que producen radiaciones nocivas cuando la luz se proyecta a través de ellos. Esto resulta especialmente perjudicial para los jóvenes y los niños en edad de crecimiento, cuyos cuerpos son mucho más susceptibles.

El profesor Marcel Rufo, de la Universidad de Marsella, publicó un estudio realizado con 289 niños en 1990 llevado a cabo durante seis meses. Este estudio demuestra que existe la posibilidad de que los niños que pasan más de cincuenta minutos al día frente a una televisión o un ordenador experimenten un descenso del rendimiento en la escuela, de que su memoria se vea afectada y de que muestren un comportamiento más agresivo.

Los experimentos publicados por Jacques Surbeck, de Anox Technology, demuestran que sólo veinte minutos frente a una televisión son suficientes para llenar el cerebro de un niño de radiaciones electromagnéticas, lo que dificulta la comunicación entre los dos hemisferios cerebrales (izquierdo y derecho). La comprensión y, por tanto, el aprendizaje, dependen de esta función, y este efecto adverso puede prolongarse hasta cuatro horas después de la exposición a una pantalla.

Los efectos perjudiciales de la radiación disminuyen a una distancia de entre 2,4 y 3,6 m de la televisión pero, por desgracia, la mayoría de los niños prefieren sentarse muy cerca (sobre todo cuando utilizan un monitor de juegos). Una distancia segura equivale a ocho veces la diagonal de la pantalla.

Los CEM producidos por los equipos eléctricos no sólo son invisibles, sino que además el elemento magnético produce ondas muy perjudiciales, ya que no las detienen filtros, paredes, pantallas de plomo o el cuerpo humano. El parpadeo imperceptible de la pantalla de televisión crea oscilaciones que provocan respuestas anormales en el cerebro, lo que da lugar a dolores de cabeza, tensión ocular y fatiga. Asimismo, interfieren en la capacidad de nuestro sistema inmunológico para producir las células que luchan contra las infecciones (linfocitos T).

Consejos para reducir los efectos nocivos de la televisión

- *Siéntese lo más lejos posible de la televisión.*
- *Instale un dispositivo protector.*
- *Reduzca el número de horas que ve la televisión.*
- *Controle el tiempo de los niños ante el televisor.*

Uso de teléfonos móviles

Se calcula que alrededor del 50 % de las personas en Europa poseen un teléfono móvil, y es muy probable que esa cifra se haya duplicado en el año 2005. Toda la prensa ha tratado ampliamente el tema de la seguridad de los teléfonos móviles. La pérdida de memoria, los dolores de cabeza y el envejecimiento prematuro son algunos de los síntomas más destacados, pero todavía resulta más preocupante la posibilidad de que las radiaciones provoquen el desarrollo de un tumor cerebral, ya que el teléfono se utiliza directamente junto a la cabeza, y así, las radiaciones penetran a través del cráneo hasta el cerebro. Un dispositivo de manos libres con el que el usuario utiliza una pieza en un oído reduce este riesgo en un 80 %, aproximadamente, pero llevar el móvil (y los buscadores personales) en cualquier zona del cuerpo puede resultar problemático, porque la corriente se canaliza por las líneas de energía del cuerpo y crea problemas en cualquiera de sus partes.

Consejos para reducir los efectos nocivos de los teléfonos móviles

- *Protéjase la cabeza con una pantalla para el teléfono móvil o con un dispositivo de manos libres.*
- *Instale una antena para utilizar su móvil en el coche en conjunción con un dispositivo de manos libres, ya que las emisiones en movimiento pueden multiplicarse por 50 cuando el teléfono busca una señal.*
- *Intente reducir los objetos metálicos que lleve consigo, como cinturones con hebillas grandes, gafas con montura metálica y sujetadores con aro, ya que pueden absorber las radiaciones de su móvil y amplificarlas cinco veces por su cuerpo.*
- *Restrinja el uso del teléfono a llamadas importantes; así reducirá la exposición a la radiación.*
- *Proteja su energía con unas plantillas magnéticas.*

Comprobar la radiación de una pantalla de televisión o de ordenador

Sitúe a una persona delante de una televisión apagada (preferiblemente en el lugar donde normalmente la ve usted), y compruebe su fuerza muscular haciéndole estirar un brazo a la altura del hombro. Póngale una mano sobre el hombro y la otra en el antebrazo o en la mano con la palma mirando hacia abajo, y ejerza presión al tiempo que la otra persona hace fuerza en la dirección contraria. El grado en que es capaz de mantener erguido el brazo le proporciona una medida de base sobre la que comenzar a trabajar.

A continuación, pero con el televisor encendido y con el estómago frente a él, repita el ejercicio (de nuevo en el lugar donde normalmente se sienta); ejerciendo exactamente la misma presión, observará menos resistencia (menos fuerza muscular). Repita el ejercicio una tercera vez con el dispositivo protector en la pantalla y notará la diferencia. Con la protección es probable que la resistencia no disminuya, es decir, que se mantenga la fuerza. También puede probar con una persona que lleve plantillas magnéticas.

Este experimento también se puede realizar frente a un ordenador.

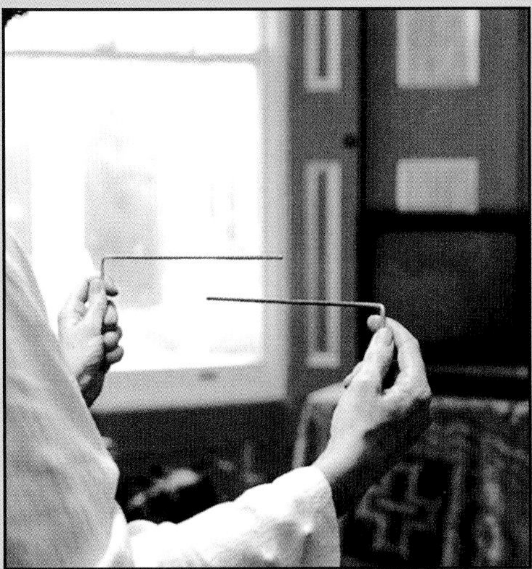

Radiestesia para establecer los niveles de CEM

La radiestesia constituye una alternativa para establecer el nivel de radiación de un televisor o un ordenador (*véase* también pág. 65). Las varillas determinarán la distancia a la que se extiende la radiación desde el televisor cuando se cruzan.

Cuando el ejercicio se repita con un dispositivo de protección en la televisión, observará que la distancia de la radiación desciende de forma considerable.

Renovar la instalación eléctrica para protegerse contra el CEM

Las siguientes instrucciones para renovar la instalación eléctrica debe ponerlas en práctica un electricista cualificado.

1 *Pida al electricista que utilice cable revestido o cable recubierto de un conducto metálico.*
2 *Instale un interruptor de control de potencia para que la corriente eléctrica no fluya por la casa cuando no se necesita. La electricidad volverá al circuito en cuanto la conecte.*
3 *Diga al electricista que instale un circuito en círculo con una lazada para que el campo magnético no sea elevado si existe un problema con la instalación. El cable debe seguir el circuito y doblarse sobre sí mismo en lugar de entrar en el círculo en una dirección y salir de él en una sola vuelta.*

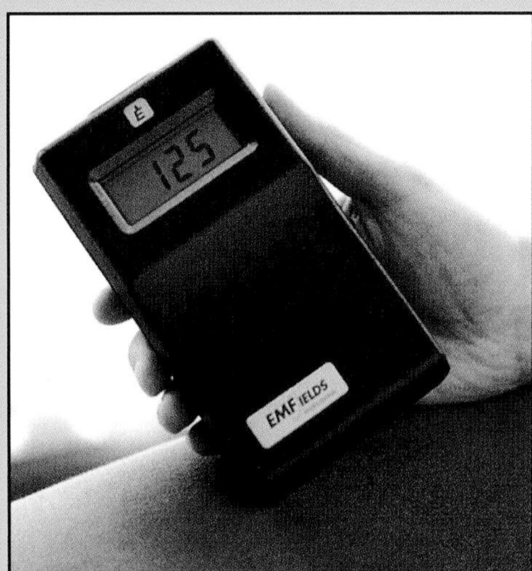

Examinar la instalación y los aparatos

1 *Compre o alquile un aparato manual para medir los campos eléctricos y magnéticos.*
2 *Examine cada habitación una por una. Sujete el aparato junto a cada componente eléctrico de cada habitación. Primero mida el campo magnético y después tome la lectura eléctrica. Los niveles deseables son:*
   - *0,04 microtesla para un campo magnético.*
   - *Menos de 10 voltios por metro (vpm) para un campo eléctrico.*
3 *Tome una lectura con el medidor sobre el equipo (por ejemplo, un ordenador) y después aleje un poco el aparato para comprobar hasta dónde se extiende el campo.*
4 *La lectura más importante es la que cubre la zona en la que se sienta o duerme en relación con el equipo. Por ejemplo, si se sienta ante un ordenador, tome la lectura en la zona de su pecho. Si mide un calefactor de pared, tome una lectura en el lugar más cercano al que se sienta.*
5 *Tras medir los campos de todos los aparatos de una estancia, mida las paredes, el suelo y las superficies. Se trata de buscar «puntos calientes», elevadas concentraciones de campos energéticos procedentes de los aparatos o de la instalación eléctrica. Por ejemplo, puede descubrir que una sección de pared da un resultado alto, pero no encuentra la fuente de radiación. Podría tratarse del cableado interno, y puede comprobarlo desconectando el interruptor general de potencia. Como alternativa, investigue el otro lado de la pared, ya que podría descubrir que la fuente es el contador de electricidad o la cocina eléctrica, o bien estar en el piso de su vecino.*
6 *Examine su ordenador y compruebe dónde son más fuertes las emisiones utilizando una radio sintonizada en onda media, y observe dónde se producen las interferencias.*
7 *Las lecturas elevadas de electricidad se pueden solucionar con puestas a tierra y desconectores de la instalación, pero las lecturas magnéticas altas resultan más problemáticas y requieren de ayuda profesional.*

CONTAMINACIÓN QUÍMICA

En los últimos años ha aumentado la preocupación sobre la amenaza de la contaminación medioambiental a escala global. Gran parte de esa contaminación está provocada por sustancias químicas, pero muy pocas personas son conscientes de que la contaminación también existe dentro de nuestras casas. Estos venenos inodoros e incoloros se han convertido en parte de nuestras vidas durante los últimos treinta o cuarenta años, y se liberan a través de los productos de limpieza y, de forma mucho más insidiosa, de los materiales sintéticos que utilizamos en el hogar y los pesticidas presentes en muchos alimentos. Las alergias y otros problemas de salud se convierten en algo cotidiano a medida que esta exposición cobra su peaje en nuestro cuerpo.

Las acertadas campañas para estimular el ahorro de energía en el hogar se han vuelto contra sí mismas y han hecho que nuestras casas dejen de expulsar todas las toxinas que entran.

Mientras que la popularidad de los alimentos saludables y orgánicos ha aumentado, el interés por los productos ecológicos ha durado menos. E incluso cuando las personas compran estos productos, no suelen tener el mismo cuidado cuando se trata de adquirir pinturas, productos de bricolaje o complementos para el hogar que contienen las sustancias químicas que antes han rechazado.

Poco a poco, esta actitud empieza a cambiar con el apoyo de países como Alemania, al frente de la introducción del concepto de etiquetado «eco» y de la integración de productos sanos en el hogar. En la actualidad, crece el interés en España y en todo el mundo.

Un problema que va en aumento

En las últimas décadas se ha producido un gran aumento en el número de sustancias petroquímicas utilizadas en el empaquetado y la fabricación de muebles y telas. Apenas se tienen datos sobre los efectos a largo plazo de las sustancias químicas que se fabrican cada año.

La mayoría de las casas y oficinas actuales están llenas de sustancias sintéticas que se cree son responsables de dolores de cabeza y depresión leve, estados insistentes y molestos que no suponen una amenaza para la vida, pero que provocan nuestro decaimiento y contribuyen a erosionar nuestra sensación de bienestar.

La contaminación ambiental es un factor que hoy se investiga como parte significativa de una variedad de alteraciones: por ejemplo, asma, enfisema, trastornos nerviosos y depresión, Alzheimer y Parkinson, y diferentes tipos de cáncer. Un estudio de la Stanford University Medical School, por ejemplo, informó en mayo de 2000 que las personas que utilizan insecticidas son dos veces más propensas a desarrollar la enfermedad de Parkinson.

En Estados Unidos, en 1980, el Toxic Substances Strategy Committee publicó un estudio según el cual el 80-90 % de los cánceres aparecen debido a alguna exposición a sustancias peligrosas en el entorno. La exposición intensa a sustancias químicas puede provocar una reacción inmediata, pero en general no representa un daño a largo plazo. En cambio, la exposición crónica durante un período más prolongado puede ser mucho más mortífera, simplemente porque no somos conscientes de ello y los efectos negativos (que son acumulativos) pueden tardar décadas en manifestarse.

Sólo se han examinado unas pocas sustancias químicas de uso legal en productos domésticos cotidianos para determinar sus niveles de toxicidad. En su libro *Home Safe Home*, Debra Lynn Dodd afirma que «apenas se sabe nada sobre los efectos tóxicos en los humanos de casi el 80 % de las más de 48.000 sustancias químicas clasificadas por la Environmental Protection Agency (EPA)». Un Research Council Study descubrió que sólo existen evaluaciones completas del riesgo para la salud del 10 % de pesticidas. Cada vez existe más preocupación por que los síntomas que aparecen tras una exposición leve a largo plazo se puedan atribuir al curso normal del envejecimiento. Los síntomas sutiles pueden ser fatiga, dolores de cabeza, falta de concentración, malestar general y dermatitis. A excepción de los problemas cutáneos y respiratorios, es imposible relacionar esos síntomas con un entorno cargado de sustancias químicas.

La toxicidad afecta a cada persona de forma diferente, pero es lógico asumir que tendrá más impacto en las personas más vulnerables: niños, mujeres embarazadas, mayores de 60 años y aquellos que pasan más de doce horas al día dentro de casa. Los fumadores y los consumidores habituales de alcohol, las personas que no hacen ejercicio de forma habitual y las que no siguen una dieta adecuada también están más expuestas.

Soluciones en la construcción

Bau Biologie (bioconstrucción) se definió como un movimiento que surgió a raíz del programa de reconstrucción masiva en Alemania tras la segunda guerra mundial. Combina un enfoque científico de la construcción con una visión más holística de la relación de las personas con los edificios. Muchas personas que viven en casas de nueva construcción con materiales sintéticos modernos sufrían de depresión, insomnio, alergias, problemas circulatorios y cáncer. En esa época se estableció una relación definitiva entre las enfermedades y los edificios.

Bau Biologie (bioconstrucción) trata sobre el hecho de poseer una conciencia ecológica y de entender el impacto de los edificios en nuestra salud. Su objetivo es aportar a la humanidad armonía con el entorno natural y la tecnología. La piel humana, la ropa y los edificios son como un sistema vivo con diferentes capas. La casa es considerada la tercera piel.

PÁGINA 30 Muchos materiales de construcción y decoración poseen el potencial de despedir sustancias químicas, sobre todo cuando están calientes. No aumente la toxicidad añadiendo ambientadores, abrillantadores sintéticos y otros aerosoles de limpieza que pueden contaminar el ambiente doméstico.

IZQUIERDA Los materiales domésticos modernos aportan muchas sustancias químicas a nuestros hogares. Aunque se conocen los efectos de algunas sustancias individuales, ningún científico ha sido capaz de determinar el efecto de la combinación de las muchas sustancias químicas procedentes de pinturas y productos de limpieza sintéticos. Por tanto, es importante ventilar la casa cada día durante al menos dos horas. Sea cual sea el clima o la temperatura exterior, asegúrese de realizar cambios de aire fresco frecuentes abriendo las ventanas en extremos opuestos de la casa a fin de favorecer una ventilación constante.

Algunos conceptos básicos de Bau Biologie son:

- *Utilice materiales de construcción naturales.*
- *Incorpore materiales para las paredes, el techo y el suelo que respiren de forma natural.*
- *Utilice pinturas y tratamientos orgánicos.*
- *Sitúe las viviendas lejos de fábricas y edificios industriales, así como de las carreteras principales.*
- *Favorezca la regulación natural de la humedad en el interior de la casa.*
- *Construya edificios con olores agradables o neutros, sin gases tóxicos.*
- *Elija bombillas con iluminación natural y colores de la naturaleza.*
- *Conserve las condiciones naturales del campo eléctrico evitando someter a los ocupantes de la casa a campos electromagnéticos inadecuados.*

Toxinas del hogar

Las tres toxinas más importantes que pueden circular en la casa durante la mayor parte del tiempo son los compuestos orgánicos volátiles, los gases de combustión y los pesticidas. Provienen de los materiales de construcción, las pinturas, los muebles y los aparatos domésticos. Además, existen muchas otras sustancias químicas que se liberan cuando se utilizan productos de limpieza y otros artículos domésticos. Entre éstos se encuentran pesticidas, aerosoles, pinturas, ambientadores y líquidos de limpieza.

Dado que esta toxicidad proviene de tantas fuentes, todo el sistema corporal resulta afectado y los síntomas son más difíciles de diagnosticar.

En general se acepta que las pequeñas dosis de sustancias químicas individuales apenas provocan daños a las personas. Sin embargo, la exposición a largo plazo sí debe tenerse en cuenta, y nadie sabe realmente qué creamos cuando mezclamos diferentes sustancias. Los productos químicos incluso pueden reaccionar y aumentar la toxicidad. Tengo pruebas de que los niveles de toxinas que antes se consideraban seguros ya no lo son tanto.

Las reacciones a la toxicidad química son variables: algunas personas pueden ser muy sensibles y experimentar una reacción aguda cuando se exponen a niveles elevados, con problemas respiratorios inmediatos, sarpullidos y dolor de cabeza. Las más peligrosas son las reacciones crónicas retardadas producidas por la exposición diaria (en estos casos, los resultados más probables son daños neurológicos y cáncer). Por ejemplo, algunos investigadores han relacionado el plomo de la gasolina con las dificultades de aprendizaje en los niños.

Los enfermos de alergia y asma pueden ser los primeros en notar los síntomas irritantes provocados por los contaminantes químicos. Las personas realmente sensibles a las sustancias químicas tendrán problemas inmediatos con los gases del tubo de escape de los coches, las moquetas nuevas, los perfumes, los detergentes y los suavizantes. Según una teoría, las sustancias químicas que irritan a las personas hipersensibles son en realidad tóxicas para todo el mundo. Su reacción inmediata avisa al resto de las personas de los peligros potenciales y silenciosos.

Cada año aparecen alrededor de 250.000 sustancias químicas nuevas, y no existe ninguna organización que compruebe su nivel de toxicidad. El libro de Linda Mason titulado *The Healthy Home*, publicado en 1989, afirma que «se conocen 4,5 millones de sustancias químicas de las cuales se distribuyen 45.000. Se necesita un equipo de científicos, 300 ratones, dos o tres años y 300.000 dólares para determinar si una sola sustancia química sospechosa provoca cáncer». De los miles de sustancias químicas sintéticas de la lista de EPA en Estados Unidos, se han evaluado menos del 10 % para determinar sus efectos crónicos o mutagénicos. Al parecer, la sensibilidad a los campos electromagnéticos también aumenta con la exposición a sustancias químicas.

La contaminación creciente

Un estudio de 1990, Spengler´s Indoor Air Quality, ha demostrado que la contaminación dentro de la vivienda es diez veces mayor que fuera, incluso en las zonas afectadas por los humos de las industrias.

El mayor cambio en nuestros hogares se produjo cuando el ahorro de combustible se convirtió en una prioridad en la década de 1970 y nuestras casas estaban bien aisladas para evitar las corrientes y garantizar un consumo de energía más bajo. En el Reino Unido, el gobierno ofreció ayudas para llevar a cabo estos cambios. Los edificios comenzaron a tener un movimiento de aire mucho más lento y, en general, no se liberaban las sustancias químicas presentes en el ambiente.

Durante las tres últimas décadas ha entrado en nuestras casas un gran número de sustancias químicas procedentes de la construcción, el mobiliario y las pinturas. El aire que hoy respiramos contiene muchas sustancias químicas. A temperatura ambiente, los productos que llevan compuestos orgánicos volátiles los liberan en el entorno. Además, la instalación de la calefacción central en las viviendas significa que las temperaturas superiores favorecen todavía más la liberación de sustancias químicas.

Las casas modernas son dos veces y media más eficaces en cuanto a la energía que las antiguas, y el olor de una vivienda por estrenar resulta de una mezcla de sustancias químicas que provienen de los materiales de construcción. Ésta ha cambiado a lo largo de los años, y en la actualidad se utilizan 5.000 sustancias químicas en los materiales de construcción. A continuación citamos algunos de los elementos más importantes utilizados en la construcción moderna y que provocan problemas:

- *Los suelos de hormigón actuales no respiran y empeoran la tensión geopática porque la dispersan. Los suelos de madera utilizados en las viviendas antiguas favorecen la ventilación y desvían de forma natural la tensión geopática.*
- *Algunas placas de yeso todavía se fabrican con fosfogisgina de centrales eléctricas y producen emisiones radiactivas.*
- *Las paredes con cámara de aire también disminuyen la capacidad del edificio para respirar. Algunas espumas pueden despedir pequeñas cantidades de formaldehído.*
- *El doble acristalamiento lleva una estructura metálica que puede conducir la radiación.*
- *La madera estructural suele tratarse con insecticidas o venenos de alta concentración.*
- *Muchos suelos son de madera aglomerada, que emite formaldehído y otras sustancias químicas.*

Todas estas sustancias se liberan lentamente a lo largo de los años. En resumen, los edificios modernos no permiten el paso de las radiaciones naturales y beneficiosas, distorsionan las energías que ya son negativas y emiten sustancias peligrosas de materiales diseñados para mantener nuestras casas calientes e impedir el paso de plagas.

Compuestos orgánicos volátiles

Éste es el grupo más numeroso de contaminantes. Dos de los más tóxicos son el formaldehído y el benceno. El formaldehído, un gas nocivo liberado por muchos materiales domésticos, por las colas de la madera aglomerada y del panel de fibras de madera de densidad media, se utiliza en la construcción y en la industria desde hace un siglo, pero ha sido en los últimos años cuando han comenzado a realizarse estudios con animales de laboratorio para investigar su posible relación con el cáncer. Los sustitutos del formaldehído, como los isocianatos, son más respetuosos con el medio ambiente, pero se cree que resultan perjudiciales para nuestra salud.

IZQUIERDA Cada vez más, la gente elige suelos de madera naturales porque son más fáciles de mantener limpios y no acumulan tanto polvo y ácaros como la moqueta. Si tiene alfombras, sacúdalas de forma habitual. Si en su hogar hay moqueta, aspire el polvo cada dos días.

DERECHA Las esteras y otras alfombras de fibras naturales son neutras, de manera que no crean energía electrostática que favorezca la acumulación de polvo. No se necesita ningún adhesivo tóxico para su instalación, y ayudan a amortiguar el ruido de un suelo de madera.

EXTREMO DERECHA Las investigaciones llevadas a cabo en la Fundación Salvatore Maugori, en Italia, descubrieron que las casas de las ciudades del norte de Europa tienen el doble de benceno que las del sur. Se cree que la sustancia química hallada en los muebles y los gases de los tubos de escape la absorben los muebles y el resto de la decoración en las casas de climas más fríos.

Las casas construidas después de 1980 contienen triplicados los antiguos niveles de formaldehído. Hay más de 800 compuestos orgánicos volátiles en el aire de las viviendas, liberados por los materiales de construcción. Aunque se libera un alto nivel de gas cuando se instala el material nuevo, sigue despidiendo gases tóxicos hasta una década más tarde.

Se cree que el formaldehído provoca sarpullidos, mareos, dificultades respiratorias, náuseas y problemas respiratorios y alérgicos. Los productos que contienen esta sustancia se pueden encontrar en casi todas las estancias de la casa occidental típica, e incluyen: tapicerías, moquetas, papel pintado, adhesivos, productos de belleza y telas que no se arrugan (incluyendo ropa de cama y cortinas). Sin embargo, la mayor fuente es el material favorito de los entusiastas del bricolaje: los paneles de fibras de madera de densidad media y otros contrachapados fabricados con partículas de madera aglomerada. Se utilizan para colocar bajo el suelo, en encimeras, muebles de cocina, paneles y mobiliario.

Cómo contrarrestar el efecto de los compuestos orgánicos volátiles

Las plantas sanas repartidas por toda la casa ayudan a limpiar y purificar el aire (*véase* pág. 98). Intente tomar conciencia de los materiales que contienen las sustancias químicas más tóxicas y restrinja su uso. Cuando considere la posibilidad de contratar a un albañil o hacer bricolaje, por ejemplo, elija madera auténtica en lugar de tablero de partículas aglomeradas. El principal problema de este material es que se inhala polvo durante la construcción. El corte y el lijado son un riesgo serio de aspirar formaldehído.

PVC

El cloruro de polivinilo es un material versátil que se utiliza para fabricar tarjetas de crédito, envoltorios y materiales para empaquetar alimentos. También es un componente de muebles, juguetes y equipo de oficina, materiales de fontanería, conductos y ventanas. Muchos de los materiales puros implicados en su fabricación son conocidas toxinas y carcinógenos.

Limitar la exposición al PVC

Elija plástico sin PVC para envolver la comida, o cúbrala con un material natural. Evalúe la compra que realiza y analice si realmente la necesita y si puede adquirirla en un material natural. Instale tuberías de polietileno, una sustancia sintética estable utilizada en el cuerpo. Compruebe la acidez del agua antes de utilizar tuberías de cobre.

DERECHA Un estudio realizado por la Universidad de Bristol descubrió que las mujeres que cocinaban con gas tenían un tercio más de probabilidades de desarrollar una enfermedad respiratoria. Los derivados de la calefacción central y las cocinas de gas pueden afectar a la respiración y resultar especialmente problemáticos para las personas que presentan tendencia a sufrir asma y alergias. Mantenga su cocina bien ventilada, abra la cocina o una puerta para permitir el paso de aire fresco después de cocinar.

EXTREMO DERECHA El 20 % del polvo presente en el aire proviene de las fibras de la moqueta, y el 80 % de células de la piel. Estas partículas absorben las sustancias químicas y se carbonizan por efecto de la televisión, convirtiéndose en elementos muy irritantes para las personas con problemas respiratorios. Los suelos de madera, como el de la fotografía, desarrollan mucho menos polvo.

Pesticidas

La EPA ha determinado que el 80-90 % de los pesticidas a los que estamos expuestos los humanos se encuentran en el interior del hogar. Están presentes en el aire, en nuestros zapatos y en las tuberías del agua. Impregnan los alimentos frescos y procesados, se añaden a las moquetas y se introducen a través de las bolas de naftalina, los collares antipulgas y los aerosoles. Incluso aunque practique la jardinería orgánica podría verse expuesto a los pesticidas de los jardines vecinos. Asimismo, el riesgo será mayor si vive cerca de un parque o un campo de golf, dos recintos en los que se usa gran cantidad de pesticidas.

Limitar la exposición a los pesticidas

Utilice un filtro para el agua de cocinar y de beber, y asegúrese de que reduce los efectos de los pesticidas. Compre alimentos orgánicos, cultivados de forma natural, siempre que pueda. Sea consciente de lo que lleva pegado en la suela de los zapatos y quíteselos cuando llegue a casa (y anime a todos sus invitados a hacer lo mismo). Aparte de depositar menos pesticidas en la moqueta, tardará menos en limpiarla. Cuando compre alfombras y moquetas, elija las de materiales naturales –de lana– no tratadas con pesticidas.

Utilice alternativas naturales al control de plagas, elija productos de baja toxicidad o incluso prepare sus propios productos. Deje que el sol entre en su casa, ya que ayuda a descomponer los pesticidas, y ventile bien la vivienda.

Gases combustibles

Las cocinas y las estufas de gas, incluyendo la calefacción central, despiden gases y partículas tóxicas que pueden resultar perjudiciales si no se tratan de forma adecuada. El dióxido de carbono, el monóxido de carbono, el dióxido de nitrógeno y los hidrocarburos son elementos que se liberan a diario. Para combatir sus efectos negativos, revise sus aparatos a menudo y ventílelos bien.

Si permite que en su casa se acumule cualquiera de los gases citados, usted y su familia podrían sufrir problemas respiratorios crónicos, dolores de cabeza, mareos, náuseas, fatiga y depresión. De hecho, todos sabemos que los aparatos de gas defectuosos pueden resultar mortales. El monóxido de carbono es un gas especialmente mortífero, ya que es inodoro y con sólo una pequeña cantidad puede matar en cuestión de horas. No obstante, una filtración lenta de pequeñas cantidades a lo largo del tiempo producirá inicialmente síntomas parecidos a los de la gripe y pérdida de memoria, lo que afecta al comportamiento.

El dióxido de nitrógeno emana de las cocinas de gas a niveles considerables. La preparación de una comida en una cocina sin ventilación da lugar a un elevado nivel de toxicidad. Incluso existen noticias de una teoría que afirma que las mujeres pueden sufrir depresión debido al uso diario de la cocina de gas.

El humo de los cigarrillos contamina el ambiente doméstico. Se sabe que al menos 40 de sus 200 sustancias químicas resultan muy cancerígenas. Fumar también puede reducir el nivel de iones negativos, provocando letargo, incomodidad y gran falta de concentración.

Limitar la exposición a los gases

Contrate a un experto para que busque posibles fugas de gas y compruebe que todos los aparatos funcionan correctamente, con una buena ventilación. Asegúrese de que el extractor de la cocina es eficaz y abra siempre una ventana mientras cocina para ventilar completamente la estancia.

Anime a los familiares que fuman a que lo dejen y declare su casa zona de no fumadores. Si designa zonas en las que permite fumar, ventílelas abriendo ventanas y añada grupos de plantas verdes que ayuden a neutralizar los efectos de las sustancias químicas del humo. No permita fumar en una habitación infantil, ya que los niños son mucho más sensibles y vulnerables a los efectos adversos del humo.

Gas radón

El radón es un subproducto inodoro del uranio descompuesto en la tierra, y su ubicación depende del lecho de roca. Este gas radiactivo se eleva a través del subsuelo y puede acumularse en el sótano de las casas. El radón es un cancerígeno que no provoca efectos obvios a corto plazo, pero la exposición a lo largo de los años en una casa con niveles elevados puede incrementar la posibilidad de sufrir cáncer de pulmón. Los fumadores son dos veces más propensos a los efectos nocivos del radón.

Minimizar los efectos del radón

Investigue si en la zona donde vive hay presencia de radón. Si es así, contrate a un especialista para que

IZQUIERDA Muchos materiales a base de mezclas de algodón tienen formaldehído en el acabado. Elija colchas de algodón natural siempre que pueda.

SUPERIOR IZQUIERDA Y DERECHA El linóleo natural constituye una buena elección para el suelo debido a que es atractivo, resistente y completamente natural. Los niños y los bebés pueden ser 20 veces más susceptibles a las sustancias químicas que los adultos. Dado que siempre están más cerca del suelo, es más seguro que gateen por uno de madera, baldosas o linóleo en lugar de hacerlo sobre una alfombra de lana nueva, tratada con sustancias químicas, o una de fibras sintéticas.

compruebe los niveles y determine qué ventilación se puede instalar. Haga que un especialista examine la estructura de su casa en busca de grietas, y si existen, séllelas. El radón es más potente en su fuente; por tanto, no utilice el sótano como zona habitable en una casa en la que exista este gas.

Suelos

Las alfombras y otros suelos solían ser de materiales naturales que provienen de animales y plantas. *The Natural House Catalog*, de David Pearson, afirma que dos tercios de las alfombras que se venden en Estados Unidos son de nailon y sólo un tercio de lana. Los gases que despiden la cola de las alfombras son culpables de problemas respiratorios, náuseas, fatiga y pérdida de memoria. El formaldehído y el fenol se desprenden de las alfombras sintéticas.

El uso de materiales sintéticos también incrementa el nivel de iones positivos, produciendo abundante electricidad estática. Esto, a su vez, afecta al contenido de serotonina en sangre de aquellas personas que pasan su tiempo en este ambiente, y podría estar relacionado con dolores de cabeza y comportamientos letárgicos.

Los suelos enmoquetados o con alfombras, además, tienden a albergar más microorganismos que cualquier otro tipo de tratamiento. La moqueta nueva, sobre todo cuando procede directamente de fábrica, libera más o menos entre 25 y 30 sustancias químicas, muchas de ellas hidrocarburos clorados utilizados como pesticidas contra hongos, moho, insectos y roedores. Esta mezcla puede liberarse durante, por lo menos, tres meses. El envés de yute, que es una fibra natural, resulta menos dañino que el de goma.

Alternativas sanas para el suelo

Las alfombras son mejores que la moqueta, sobre todo si están fabricadas con materiales naturales y tintes no químicos.

Los suelos de madera natural son una buena alternativa, pero debe elegir maderas que provengan de fuentes sostenibles y comprobar que no hayan recibido tratamientos químicos. Si realmente desea instalar moqueta, opte por las que tengan un elevado contenido en lana y con el envés de yute, o con fibras naturales como fibra de coco o esteras.

Pinturas, barnices y tintes

En Estados Unidos, donde se venden más de trescientos mil millones de litros de pintura al año, un estudio realizado en la John Hopkins University reveló que la pintura contenía 300 sustancias tóxicas, de las cuales se sabe que 150 son carcinógenas. Las pinturas químicas tienen cuatro ingredientes básicos: resinas para la adhesión y la dureza de las capas; disolventes para mantener líquida la pintura y que se evaporan después del uso; pigmentos para colorear y aditivos para realzar los otros componentes. Asi-

SUPERIOR Un informe de la OMS de 1989 afirma que la pintura puede ser una sustancia carcinógena para las personas que la utilizan. Evite los efectos dañinos utilizando pinturas naturales, no tóxicas.

DERECHA El enlucido de arcilla coloreado que aquí se muestra no necesita pintura. Además, compensa los cambios de humedad, lo que crea un ambiente muy agradable y estable.

mismo, tienen fungicidas y conservantes químicos. Las pinturas presentan acabados brillantes o semimates e incluyen disolventes con base de aceite o una emulsión con agua. Los disolventes con base de aceite son más dañinos, ya que liberan compuestos orgánicos volátiles de los que se sabe que provocan cáncer y daños al sistema nervioso. En California se calcula que el 50 % de las emisiones anuales de estos compuestos provienen de la pintura, y esa cifra incluye refinerías de petróleo y gasolineras.

Un estudio británico realizado por Anna Kruger en *H is for Ecohome*, sobre pintores profesionales, reveló que el 93 % de ellos mostraba síntomas de envenenamiento por disolventes. Las pinturas crean problemas, y no sólo durante su aplicación y eliminación, sino también durante el tiempo que están presentes. Los efectos adversos incluyen dolor de cabeza, fatiga crónica, problemas visuales y respiratorios, irritabilidad, cambios de humor, mareos y náuseas, problemas de criterio y coordinación, y dolor de articulaciones y músculos. Los ingredientes tóxicos de las pinturas y los barnices incluyen formaldehído, tolueno, xyleno, queroseno, amoníaco, plásticos y etanol. Actualmente, muchos fabricantes proporcionan pinturas casi inodoras y retiran de forma paulatina los disolventes, pero muchos de los ingredientes siguen siendo tóxicos y resultan mucho más perjudiciales para el entorno.

Si decide no utilizar alternativas orgánicas (*véase* inferior), póngase una máscara de carbón activado cuando pinte y mantenga las habitaciones bien ventiladas. Si puede, intente no utilizar la habitación durante varios días después de pintar.

Alternativas sanas para la pintura

Actualmente existen pinturas y acabados naturales y orgánicos sin sustancias petroquímicas. Los fabricantes innovadores, como el alemán Auro, producen pinturas completamente naturales con ingredientes de origen vegetal. Vuelven las técnicas antiguas y originales para elaborar pinturas: por ejemplo, con caseína (a base de proteína láctea), creta, cal y arcilla. Existen disolventes naturales para las pinturas con base de aceite derivados de aceites cítricos.

Tratamientos de paredes

El papel pintado ayuda a evitar una pequeña parte de pérdida de calor y cubre las superficies irregulares de las paredes. Muchos papeles son de vinilo o tienen un acabado plástico que impide que la pared respire. Los papeles vinílicos emiten vapores si el ambiente de la habitación es cálido, y esos vapores afectan a las personas sensibles a las sustancias químicas. Los adhesivos que se utilizan para colocar el papel suelen ser de celulosa no tóxica, aunque contienen un fungicida. Los papeles muy resistentes necesitan un adhesivo que contenga polivinilo.

Alternativas sanas para los tratamientos de pared

Elija papeles de tela y con acabados impermeables que permitan que las paredes respiren. Los papeles pintados o impresos a mano o de telas naturales –incluyendo los de algodón y de seda– son adecuados. Hoy existen versiones orgánicas de engrudo.

Piense en pintar las paredes enlucidas lisas con pintura orgánica, utilizando efectos de pintura para realzar el aspecto irregular. Los paneles de madera y los papeles de arpillera resultan atractivos.

Mobiliario

Las persianas de telas de poliéster y vinilo pueden suponer un problema, ya que cuando el sol penetra por la ventana esos materiales emiten más gases al calentarse: por ejemplo, hidrocarburos halogenados y plastificantes.

Muchos sofás y sillas modernos contienen espuma de poliuretano, que puede provocar bronquitis, tos y diversos problemas dermatológicos. Para reducir costes, actualmente se fabrican muchos muebles con paneles de fibras de madera de densidad media o tablero de partículas que, por desgracia, emiten gases de formaldehído.

Alternativas sanas para el mobiliario

Utilice persianas de algodón natural. Elija sofás y sillas con relleno de fibras naturales como plumas y plumones. Cuando adquiera muebles para el salón, tenga en cuenta los estilos sólidos de madera con acabados naturales y fabricados con fuentes sostenibles. La elección de piezas usadas o de anticuario implica que es muy probable que esos muebles ya hayan emitido los posibles gases perjudiciales.

Contaminantes químicos en el agua

El agua es esencial para nuestra supervivencia: no sobreviviríamos muchos días sin ella. Más del 70 % de nuestro peso corporal se compone de agua, que necesita renovarse constantemente. Es importante no sólo para beber, sino también para asearse, cocinar y limpiar. La mayoría de los habitantes de los países desarrollados dan por sentado que el agua que consumen es segura, ya que presenta buen aspecto, pero para muchas personas puede albergar una alarmante cantidad de contaminantes.

El agua es un potente disolvente, por lo que absorbe rápidamente nutrientes como el selenio, el yodo, el cobre y el hierro, beneficiosos en pequeñas cantidades. Sin embargo, el agua también incorpora muchas sustancias perjudiciales. En Estados Unidos se han identificado alrededor de 350 sustancias químicas en el agua para beber, incluyendo herbicidas, pesticidas y nitratos del suelo; contaminantes muy peligrosos procedentes de vertederos, vertidos químicos y desechos tóxicos que contaminan los ríos. Cuando se analiza el agua, muchas de estas sustancias se encuentran en niveles que sobrepasan las cantidades legales en cuanto a seguridad y que se hallan fuera de la normativa de la CEE. En el Reino Unido se han relacionado los disolventes tóxicos de los vertidos industriales con cáncer de colon y estómago.

En 1988, en el sudoeste de Inglaterra, 20.000 toneladas de sulfato de aluminio pasaron de forma accidental al agua para el consumo humano. Muchas personas describieron diversos síntomas, incluyendo eccema y pérdida de memoria. El agua «contaminada» tiene un efecto especialmente fuerte en las personas aquejadas de alergia, sensibilidad a las sustancias químicas y alteraciones de la piel. Para el resto de la población, los problemas de salud comienzan con la lenta acumulación de trazas de las diferentes toxinas presentes en el cuerpo.

IZQUIERDA Y SUPERIOR Existe un gran despliegue publicitario sobre la importancia de lavar las superficies de la cocina con limpiadores llenos de sustancias químicas y antibacterianos. Pueden destruir los microbios buenos de nuestro organismo y acabar con nuestro sistema de defensa natural. El modo de limpieza más seguro es el tradicional: agua caliente y un trapo o un cepillo limpios. Añada aceite de árbol del té como desinfectante natural o limón para blanquear las manchas.

Agua fluorada

El colectivo de odontólogos intenta convencer desde hace tiempo a la población de que el agua fluorada ejerce un efecto beneficioso en la dentadura y los huesos, pero en realidad se tiene poca información sobre su acción en el resto del cuerpo. Muchos estudios han demostrado que afecta a diferentes órganos corporales, al cerebro y al sistema nervioso. Podría ser responsable en parte de la hiperactividad y de diversas enfermedades extrañas, como la encefalomielitis miálgica (o síndrome de fatiga crónica). Según un estudio publicado en *What Doctors Don't Tell You* en marzo de 1999, existen similitudes entre esta enfermedad y las primeras etapas de la intoxicación con flúor.

En Japón se ha descubierto una relación directa entre los problemas de corazón y la fluoración dental. La asociación alemana de empleados del gas y el agua preparó un informe detallado que concluía que la fluoración va contra natura y que, generalmente, es innecesaria, irresponsable y dañina para el medio ambiente.

Desafortunadamente, todos nos vemos expuestos a estas toxinas, incluso en la ducha. El cloroformo, un gas tóxico, se libera en forma de vapor de una ducha de agua caliente con agua clorada. Una ducha de 10 minutos expone a una persona al 50 % más de sustancias químicas volátiles que si se beben dos litros de la misma agua cada día.

Garantizar un suministro de agua sana

Hervir el agua no elimina estas toxinas, de modo que la solución consiste en filtrar el agua que se utilice en casa. Existen varios tipos de filtros, y su elección dependerá del análisis del agua de su casa que determine su contenido. La mayor parte del agua proviene de dos fuentes. La primera es el suministro de superficie (de ríos y presas), vulnerable a la contaminación agrícola, a las sustancias químicas industriales y a las filtraciones de las fosas sépticas. La segunda proviene de pozos subterráneos, que pueden estar contaminados de herbicidas, radón, fertilizantes y pesticidas.

Los principales sistemas de filtración domésticos son los filtros de carbón, que eliminan el cloro y los pesticidas; los filtros de inversión de ósmosis, para las bacterias y los sólidos disueltos; y los filtros de luz ultravioleta, que eliminan los microorganismos. Según el tipo de agua que tenga en su casa, puede adquirir una combinación de filtros. Para averiguar el que necesita, pida a la compañía que analice el agua a fin de determinar el mejor tipo de sistema de purificación.

La instalación de un sistema de filtro o purificación para el agua destinada al consumo es preferible a beber agua mineral embotellada. Durante los desplazamientos, el plástico de las botellas puede pasar sustancias químicas al agua si se producen temperaturas elevadas. Un sistema de purificación también reducirá la exposición a los gases de los compuestos orgánicos volátiles en las duchas. Además, resulta aconsejable utilizar pasta de dientes sin flúor.

Limpiadores químicos

Los aerosoles, limpiadores y abrillantadores contienen niveles elevados de compuestos orgánicos. Las investigaciones demuestran que están relacionados con el cáncer y ciertas dolencias respiratorias, así como con náuseas y mareos. Los desinfectantes, la lejía, los detergentes, los ambientadores, los limpiahornos, los jabones para alfombras y los limpiadores para el inodoro contienen una mezcla de sustancias químicas que resultan perjudiciales para la salud.

Los aerosoles (por suerte, cada vez menos utilizados) contienen metileno, un carcinógeno. Una investigación llevada a cabo en la Universidad de Bristol (en 1999) con 14.000 mujeres del Reino Unido demostró que las que utilizaban con frecuencia productos de limpieza en aerosol solían padecer dolores de cabeza y que el 60 % del total de mujeres confesaban tener dolores de cabeza habituales.

Los animales domésticos son especialmente sensibles a los residuos químicos, ya que solemos limpiar sus habitáculos con una mezcla de productos y luego no ventilamos la estancia. Debido a que las mascotas están más cerca del suelo, son mucho más susceptibles a los gases químicos que desprende un suelo recién desinfectado, por ejemplo. Los gatos en especial tienden a lamerse las pezuñas, un acto con el que podrían ingerir las sustancias químicas que se impregnan en sus patas. El resultado es que muchos de los síntomas negativos que sufrimos las personas debido a la toxicidad de los productos se manifiestan primero en nuestras mascotas.

Detergentes

Los ingredientes de los detergentes modernos incluyen agentes tensioactivos petroquímicos para separar y eliminar la suciedad, fosfatos para ablandar el agua y aumentar el poder de los tensioactivos y enzimas para descomponer las manchas proteicas.

Muchos de estos ingredientes no sólo perjudican la salud e incrementan el riesgo de sufrir eccema y alergias, sino que además ejercen un gran impacto en la naturaleza a través de su paso por ríos y lagos. Las sustancias no son biodegradables, y algunas de estas sustancias químicas afectan de forma negativa al nivel de fertilidad de los peces. Estas aguas, además, pasan al suministro para el consumo humano y, por tanto, podrían influir también en los niveles de fertilidad de las personas.

Alternativas sanas a los detergentes

La mayoría de los detergentes actuales están pensados para lavar telas sintéticas en las que las manchas son más rebeldes. La venta de detergentes respetuosos con el medio ambiente habría aumentado si

SUPERIOR En lugar de ambientadores químicos, utilice plantas secas –como lavanda– en cuencos o saquitos. Resultan especialmente útiles en el dormitorio.

IZQUIERDA Los subproductos de los detergentes de lavado se han acumulado a lo largo de los últimos cincuenta años; algunos investigadores creen que estos subproductos imitan a las hormonas femeninas. La contaminación resultante está relacionada con un descenso significativo del número de espermatozoides en el semen, que ha bajado en un 2 % al año a lo largo de los últimos veinte años.

no hubiese tanta gente que piensa que la limpieza se consigue con productos agresivos.

Detergentes naturales

- *El bórax, el bicarbonato de sosa, la sosa y el jabón natural. Ralle el jabón y mezcle con agua.*
- *Productos respetuosos con el medio ambiente.*
- *El vinagre es un gran suavizante para la ropa, y también ayuda a que los colores se mantengan vivos. Puede utilizar bicarbonato de sosa, aceite de limón y eucalipto para lograr un olor agradable.*
- *Puede hervir lavanda seca y añadir el agua perfumada resultante al aclarado final.*
- *El magnetismo de una bola magnética aporta al agua la capacidad de limpiar sin detergente.*

Limpiadores naturales

- *Prepare limpiadores multiusos ecológicos con vinagre de malta destilado, bicarbonato de sosa, zumo de limón y aceite de lavanda.*
- *Si coloca una canica en la tetera impedirá la formación de sarro.*
- *El vinagre es un buen limpiacristales, no graso, y un eficaz quitamanchas.*
- *Los aceites de lavanda, árbol de té, romero y tomillo son buenos desinfectantes y bactericidas.*
- *El vinagre de hierbas disuelve la grasa del agua de lavar. La sosa o el bórax son eficaces para la colada en las zonas de agua dura.*
- *El zumo de limón es un buen blanqueador natural para las manchas de las superficies de trabajo, y la cebolla cruda sirve para abrillantar las ollas.*
- *El agua de cocinar patatas ayuda a sacar brillo a los cubiertos de plata. La salsa Worcestershire o el zumo de limón con sal sirven para limpiar el latón.*
- *Limpie el sarro de los lavabos con harina y vinagre; déjelos en remojo y después retírelos con un cepillo. El ácido del refresco de cola también limpia. Utilice aceite de árbol de té para desinfectar la taza del baño.*
- *Utilice hierbas secas como ambientador. Llene un cuenco con pétalos y hojas de rosa y cúbralos con aceite cítrico; ponga uno de sus aceites esenciales favoritos en un atomizador con agua y perfume con él la habitación.*
- *El caolín o la tierra de batán y la sal con salvado son buenos limpiadores para tapicerías y alfombras. Prepare una pasta espesa con agua y déjela durante 24 horas si las manchas son grasas.*
- *Desodorice las alfombras con bicarbonato de sosa; déjelo reposar una hora y después aspire. Para conseguir un aroma agradable, añada algunas gotas de aceite esencial a la sosa.*
- *Elimine las manchas de vino tinto aplicando vinagre de vino blanco con una esponja. Aclare con agua.*
- *El clavo, la menta seca, la cayena y los chiles mantienen a raya a las hormigas y los ratones.*
- *Unas gotas de aceite de árbol de té en el collar del perro o el gato pueden ayudar a evitar las pulgas.*

SUPERIOR Esta hermosa viga constituye un impresionante elemento de diseño en este salón. No obstante, es preciso evitar sentarse directamente debajo. No todas las vigas resultan opresivas, pero sí interrumpen el flujo de energía, creando presión en las personas que se sientan justamente debajo. Con el tiempo, esa presión puede provocar dolores de cabeza, cansancio, ansiedad e incluso depresión. Desplace el sillón a otro lugar o utilícelo para las visitas que sólo vayan a pasar unos minutos sentados en ese punto.

«Cuanto más duro y anodino es nuestro entorno, más cansados, tensos y faltos de energía nos sentimos. Cuanto más acogedor y animado es, más renovados, relajados y sanos tendemos a estar...»

Christopher Day, autor de *Places of the Soul*

Uso del feng shui para lograr un ambiente sano

El estrés ambiental aparece al no seguir los buenos principios del feng shui, que consiste en entender cómo estamos relacionados e influidos por los ambientes en los que vivimos y trabajamos. Ajustar el flujo de energía de nuestra casa y nuestro entorno puede ayudarnos a conseguir una vida más sana.

Gran parte de ese conocimiento, y el nombre por el que resulta más conocido, proviene de China pero abarca principios universales utilizados por muchas comunidades tradicionales. No necesariamente implica unas creencias, ya que la energía influye en todo lo que nos rodea, pero resulta más potente cuando trabajamos con sus principios de un modo positivo. El feng shui se remonta a la época en que los humanos buscaban refugio en una simple cueva y elegían la que proporcionaba mayor protección. Esta disciplina fue utilizada de forma destacada por los emperadores chinos que observaban el movimiento del sol, la luna y las estrellas con complicadas tablas de cálculos que les permitían decidir el mejor modo de aprovechar el flujo natural de energía en la construcción de edificios. Los balineses todavía construyen casas que basan el diseño del edificio en las medidas reales tomadas de las diferentes partes del cuerpo de la persona que va a ser propietaria de esa casa.

Actualmente podemos beneficiarnos de la sabiduría del feng shui prestando atención al modo en que decoramos nuestra casa. Es preciso recordar que gran parte de los conocimientos más importantes provienen del interior de la persona. Todos sabemos en nuestro fuero interno cuándo nos sentimos cómodos y seguros, cuándo percibimos un lugar como sano o como lo contrario, pero muchos de nosotros hemos olvidado cómo reconocer esos sentimientos y trabajar con ellos. Incluso el folclore de nuestros abuelos nos resultaría útil para crear espacios más armoniosos. ¿Qué ha ocurrido con esa conexión? Nuestras casas están más desordenadas, y eso hace que nos resulte más difícil escuchar nuestra voz interior. Necesitamos hacer muchas más preguntas y escuchar las respuestas desde nuestro yo intuitivo.

Crear una casa sana

Para asegurarse de que en su casa reina un ambiente saludable, debe aumentar su conciencia del entorno para poder comprobar que existe un buen flujo de energía. Si padece de algún tipo de «estrés ambiental» provocado por la existencia de energía bloqueada, su calidad de vida se verá afectada. Los siguientes principios clave le ayudarán a comprobar que su casa posee un buen feng shui y no crea ninguna fuente de estrés para sus ocupantes.

Su casa es un reflejo de sí mismo

Mire a su alrededor con objetividad. En el feng shui se trata de mirar la casa como una extensión del individuo. Todo sobre ese lugar es un reflejo de esa persona o de las personas que lo habitan. Todas sus experiencias pasadas y sus circunstancias actuales se encuentran en su interior, al igual que los sueños de futuro. Cada objeto ha sido elegido por una razón. Cuando sepa cómo «leer» una casa, podrá averiguar muchas cosas sobre sus habitantes. Por ejemplo, los objetos rotos o que esperan a ser reparados pueden indicar en algunos casos que algo en la vida de esa persona está roto y necesita un arreglo.

Cuando nos centramos en el tema de la salud, es importante que todo en la casa funcione correctamente. Examine los puntos donde se percibe angustia y deterioro, y no deje que se prolonguen por más tiempo: arregle las cosas y solucione la causa.

La puerta principal

La puerta principal representa la entrada más importante de la casa, ya que ahí es donde la energía encuentra el punto de entrada. Esto es lo que se llama la «boca del *chi*» o entrada a través de la cual fluye la energía procedente del exterior que realza la vida. Es vital que este flujo no se vea interrumpido, de modo que debe asegurarse de que la puerta se abre completamente, de que no hay nada detrás de ella que bloquea la entrada y de que la zona que la rodea no está abandonada y se halla en buenas condiciones.

Cualquier objeto alrededor del cual fluya la energía quedará impregnado de ella, e influirá en su calidad. Por tanto, el sentido común indica que no debería permitir que esta energía fresca procedente del exterior se manchase con la suciedad, el polvo y la humedad de las paredes del vestíbulo. Asegúrese de que está limpio, porque de ese modo la energía conservará su fuerza y su vitalidad.

IZQUIERDA Este vestíbulo se ha dispuesto de manera que haya abundante espacio para el flujo de energía y aire fresco. Las paredes claras y la lámpara de mesa mantienen la claridad y la luz del espacio, mientras que el espejo lo agranda de manera que resulte todavía más acogedor.

IZQUIERDA Puede resultar incómodo disponer de una puerta que no se puede utilizar porque está bloqueada. Este arcón ornamental obstruye el paso entre dos estancias, así que convendría moverlo para mantener un flujo de energía positiva. La eliminación de los obstáculos físicos puede aumentar la fuerza vital de su cuerpo y de su vida.

DERECHA Forma, luz y color se combinan para crear un ambiente positivo. Aquí, la forma natural de la curva del techo proporciona un espacio más agradable a la vista y más relajante que el encajonamiento de las líneas rectas. Las curvas facilitan el flujo de energía y contribuyen a crear espacios más vivos.

La puerta de entrada constituye un punto de conexión vital con el mundo exterior. En cierto sentido, y sobre todo en lo que al aspecto se refiere, representa cómo le ven y le juzgan los demás. ¿Qué sugiere sobre usted? ¿La zona está despejada y ordenada? ¿La puerta parece gastada, astillada, necesitada de una mano de pintura? ¿Es elegante, está limpia e invita a entrar? La energía que fluye al interior de nuestras casas también es una metáfora del flujo de fortuna que puede aparecer en su camino. Si desea que las oportunidades llamen a su puerta, debe asegurarse de que sea fácil de encontrar. Necesita una buena iluminación, un número que se vea claramente y un timbre o una aldaba. Con frecuencia, las casas de las personas con falta de claridad en sus vidas y que no pueden ver el camino que tienen delante poseen entradas oscuras y deslucidas, con poca iluminación o incluso carente de ella. Resulta sorprendente lo sencillos que pueden ser los mensajes metafóricos.

Flujo de energía equilibrado

La energía necesita fluir por la casa fácilmente y alcanzar cada rincón. Una vez dentro, la energía fluirá alrededor de la casa y nutrirá cada una de sus partes (a las que pueda llegar). Haga que ello sea posible. Cualquier rincón desordenado, en el que se sienta apretado o bloqueado, o que le obligue a encogerse para pasar, constituye un buen indicador de problemas de flujo de energía.

Evite colocar asientos en los pasillos, a menos que el espacio sea muy ancho, ya que impiden un movimiento cómodo. Es muy poco probable que alguien desee sentarse ahí y, seguramente, terminará acumulando desorden. Si crea obstrucciones, acabará viéndose en la obligación de compensar la incomodidad que suponen, lo que suele ser indicativo de compromisos que hemos adquirido. En los espacios estrechos se puede lograr una sensación de mayor amplitud con iluminación adicional, pintando las paredes de un color claro e incluso utilizando espejos. Piense lo pequeño que parecería el lavabo de un avión si no estuviese rodeado de espejos.

Las plantas sanas favorecen la entrada de energía y la mantienen en movimiento en el interior de la casa. Cuantas más plantas tenga a su alrededor, más vibrante será la energía que discurra por su vivienda. El siguiente capítulo trata de la contribución vital que las plantas de casa pueden hacer por nuestro bienestar (*véase* pág. 98).

EXTREMO SUPERIOR Y DERECHA Asegúrese de que la zona entre estancias carece de obstáculos. En la fotografía superior, la energía se dirige al interior del espacio, mientras que en la de la derecha hay un bloqueo.

SUPERIOR La profusión de colores hace de este lavabo un espacio divertido y extravagante, pero sería difícil encontrar otro lugar de la casa en el que esta decoración resultase cómoda.

Obstrucciones a la energía

El mobiliario pesado en lugares difíciles impide el flujo de energía, por lo que tal vez debería redistribuir los muebles. Intente no tener demasiadas cosas en una habitación pequeña. Si una estancia se llena de muebles, apenas quedará espacio para que la energía pueda fluir libremente.

Los colores también influyen en el flujo. Los tonos oscuros y pesados, como el borgoña profundo o el marrón/negro, pueden hacer que el ritmo sea lento, mientras que los colores más claros –como los blancos y los crema– reflejan la luz y contribuyen a crear más movimiento. El siguiente capítulo (*véanse* págs. 112-127) trata con mayor detalle cómo utilizar los colores para crear diferentes ambientes en un espacio en función del uso que desee dar a cada habitación.

Un flujo sano de energía no debe ser demasiado rápido ni demasiado lento. Los pasillos largos tienden a acelerar el flujo de energía, lo que puede resultar especialmente incómodo si el pasillo en cuestión se halla situado entre la puerta delantera y la trasera. Es como si la energía que entra por la puerta principal encontrase el camino de salida más rápido en la parte posterior de la vivienda y salga de ésta sin haberla nutrido a su paso. Puede disminuir el ritmo de la energía colocando objetos como móviles sonoros, plantas, mesas auxiliares estrechas, cuadros y lámparas.

Evite la energía incómoda

El mundo natural está lleno de curvas y líneas que fluyen, y la energía sigue esos contornos por naturaleza. Las esquinas pronunciadas y los ángulos impiden el flujo uniforme de energía invisible. Imagínese sentado en una mesa cuadrada para cuatro, pero no en un lado, sino en una esquina. Se sentiría muy incómodo y desearía no permanecer en esa posición durante mucho tiempo, aunque no porque la esquina en punta le tocara, sino por el campo de fuerza de la energía dirigido hacia usted desde ese punto.

Por tanto, evite colocar objetos con esquinas rectas muy cerca de sillas, sofás y camas. Otro elemento de diseño que puede crear energía incómoda es una viga en el techo, por lo general en roble oscuro y atractivo en las casas antiguas. Cuando esta viga sobresale del techo, interrumpe el flujo de energía y provoca un efecto de presión debajo. Esta situación causa enfermedades si la viga está situada directamente sobre un punto donde alguien se sienta habitualmente durante mucho rato o duerme toda la noche. Si éste es el caso, desplace la silla, el sillón o la cama para evitar el efecto.

Efectos de los colores que desentonan

Cada color posee unas cualidades asociadas e influye en el estado de ánimo y los sentimientos. Algunas combinaciones de colores funcionan bien de forma natural, mientras que otras parecen desentonar. Tenga cuidado de no utilizar demasiados colores en una habitación, ya que puede confundir la energía y convertirse en una estancia demasiado estimulante. El mismo principio sirve para los estampados y los diseños. Aunque algunas habitaciones pueden ofrecer un aspecto interesante con una combinación inusual de diseños o con una colección ecléctica de estilos variados, debe tener cuidado de no incluir muchos estampados. Tal vez desentonen, lo que puede resultar agobiante para los sentidos y hacer que la habitación en cuestión provoque estrés. Hay un punto en el que, si se traspasa, una estancia deja de ser interesante o divertida y pasa a convertirse en un caos para los sentidos.

Símbolos poderosos

Los símbolos son el lenguaje del subconsciente. Nos ayudan a entender el mundo en el que vivimos. Nuestras casas están llenas de símbolos y metáforas,

y con frecuencia los elegimos sin pensar en ellos conscientemente. Pueden llegar a ser muy poderosos. En el pasado, los líderes espirituales comunicaban sus enseñanzas mediante historias y parábolas en las que todos podían reconocerse. Las ideas no sólo se transmitían oralmente, sino también a través del arte pictórico. Cuando elegimos una obra de arte, tal vez nos sentimos atraídos por su estilo y su color, pero también hay algo de la imagen que nos proporciona comodidad. La seleccionamos porque refuerza alguna creencia o sentimiento que se halla en lo más profundo de nuestro subconsciente. Cuando realizamos elecciones conscientes de obras de arte, podemos elegir símbolos que refuercen de manera positiva algún aspecto de nuestra vida o nuestras ambiciones. El modo más sencillo de entender esta idea es que muchas personas que viven solas suelen elegir cuadros de figuras solitarias. Esa imagen refuerza lo que ocurre en sus vidas o expresa su necesidad de llevar una vida más solitaria. Cuando una persona soltera busca activamente una pareja, debería revisar los símbolos que hay en su casa y cambiarlos a fin de incluir más imágenes de parejas. Así se garantiza que su entorno esté en consonancia con su deseo de vivir una relación.

DERECHA Las ventanas grandes hacen que las personas que se sitúen de espaldas a ellas se sientan vulnerables y tengan dificultades para relajarse. Colocar muebles bajos delante de las ventanas, o incluso plantas grandes, ayudará a mantener la energía dentro de la habitación.

Sensación de protección

Uno de los principios básicos del feng shui consiste en elegir un lugar protegido en el que construir su casa. Tradicionalmente, esto significaba contar con la protección de una montaña o una colina tras la que resguardarse de los vientos fríos del norte al tiempo que la parte delantera estaba orientada a la calidez del sur. Estar cerca del agua, necesaria para la vida, también era un factor significativo, y lo ideal era que fluyese delante de la propiedad, no detrás.

Por supuesto, en la actualidad son muy pocas las personas que pueden disfrutar del lujo que suponen estas localizaciones protegidas, ya que la mayoría vivimos en bloques de apartamentos o en casas ya construidas. No obstante, el principio de sentirse seguro y protegido sigue siendo el mismo. Incluso si no hay una montaña (o una estructura protectora alta) detrás de nuestra casa, podemos asegurarnos de que nuestra silla favorita, nuestro escritorio y nuestra cama cuenten con la protección de una pared sólida detrás mientras delante se disfruta de una vista clara de lo que pueda venir hacia nosotros. Esta importante disposición de un espacio simplemente nos aporta seguridad, saber que nuestra espalda está protegida y que podemos ver lo que sucede delante y estar preparados para afrontarlo.

Mezclar energías

La falta de espacio en la mayoría de los hogares implica que algunas estancias se destinen a un doble propósito. Es posible que un dormitorio tenga que usarse también como espacio de trabajo, o que un salón actúe como sala de juego de los niños. Sin embargo, todos funcionamos mejor cuando el espacio está diseñado para la tarea que desempeñamos en él. Dormimos mucho mejor cuando nuestro dormitorio está pensado para ser un lugar muy tranquilo. Desafortunadamente, este carácter tan sosegado del entorno no respalda necesariamente la función totalmente distinta de un trabajo que exige energía, ideas claras y concentración. Si el entorno se modifica de forma que contribuya con mayor eficacia a esa actividad diurna, es muy posible que la habitación deje de ser un refugio para el sueño, puesto que los dos tipos tan diferentes de energía no se combinarán bien.

Si es necesario destinar el dormitorio a una doble función de trabajo y descanso nocturno, una buena solución es ocultar la zona de la cama durante el día y la de trabajo por la noche. Instale sistemas de iluminación independientes para que pueda trabajar con una buena luz en el escritorio y disponer de una iluminación más suave y relajante por la noche. Así cambiará el ambiente y avisará a su cuerpo de que el día de trabajo ha finalizado y ha llegado la hora de desconectar, tranquilizarse y relajarse.

SUPERIOR Siempre que sea posible, evite trabajar en la misma habitación donde duerme, sobre todo si se ve la superficie de trabajo desde la cama. Tener presente el trabajo justo antes de dormir puede provocar una ansiedad subyacente y afectar a la calidad del sueño. Retire el trabajo o bien ocúltelo colocando un biombo delante del escritorio.

Iluminación

«Donde no entra el sol,
entra el médico.»
Proverbio italiano

A lo largo de los siglos, nuestros cuerpos se han adaptado a los ciclos del sol. Nuestro reloj biológico sigue los ciclos de luz y oscuridad. La luz natural no sólo nutre nuestro bienestar físico, sino que su falta puede dañar seriamente nuestro equilibrio psicológico y emocional. Actualmente, se calcula que alrededor del 10-11 % de la población europea y norteamericana sufre de trastorno afectivo estacional durante los meses de invierno. Esta alteración provoca letargo, depresión, aumento de peso y ansiedad por consumir carbohidratos, e incluso puede llevar a algunos afectados al suicidio.

DERECHA La luz natural da vida y ambiente a una estancia. Aquí, los rayos de luz y las formas que dibujan al entrar por los postigos crean una belleza sorprendente en la habitación y ejercen mayor impacto que cualquier otro detalle decorativo.

IZQUIERDA Cuanto más tiempo pase dentro de un lugar cerrado, más importante resulta encontrar lugares en los que pueda disfrutar de luz natural. Tener acceso a la luz del sol no sólo mejora el bienestar psicológico, sino que ayuda al reloj interno del cuerpo a funcionar correctamente.

La iluminación a lo largo de la historia

Los romanos entendieron el valor de la luz y crearon edificios que la aprovechasen. Durante el período transcurrido entre el año 1000 y la época victoriana, en el siglo XIX, los beneficios de la luz para la salud no se tuvieron en cuenta. Cuando, a finales del siglo XIX, los médicos descubrieron que la luz solar podía matar las bacterias, incluyendo la que provoca la tuberculosis (que se cobraba muchos muertos en aquella época), la luz logró el reconocimiento como nutriente importante y promotora de buena salud. A principios del siglo XX, los edificios oscuros y poco iluminados preferidos por el estilo victoriano fueron sustituidos por otros en los que una buena ventilación y la luz natural se consideraban auténticas prioridades. Por desgracia, esta situación desembocó en nuevas prácticas de construcción en los años sesenta: edificios de oficinas en los que imperan el aire acondicionado y la luz artificial.

Iluminación y estados de ánimo

Al mirar al cielo, la luz natural y el sol influyen poderosamente en nuestro estado de ánimo. Cuanta menos luz se percibe, más estresados, atrapados y

deprimidos nos sentimos. Las tiendas que dependen de las compras impulsivas obtienen mejores resultados cuando se encuentran en la zona soleada de una calle, ya que la clientela se siente más inclinada a entrar.

El doctor John Ott, investigador pionero de la iluminación y sus efectos en la salud, afirma que la luz artificial carece de longitudes de onda esenciales. En la actualidad, la población pasa el 75-90 % de su tiempo en espacios cerrados, por eso es tan importante que los edificios ofrezcan alguna posibilidad de acceder a la luz natural. Así podemos experimentar la luz natural de cada estación. En verano, cuando hay más horas de sol, recibimos la energía de la luz que entra en nuestras casas; en invierno, los días más cortos y la luz más tenue tienden a hacer que nuestro ritmo decaiga y despiertan nuestro mundo interior, lo que nos empuja a retirarnos (del mismo modo que algunos animales hibernan).

Las ventanas nos permiten mantener el contacto con los ciclos del mundo natural exterior, ya que existimos en un entorno controlado artificialmente. Diversos estudios demuestran que los pacientes de un hospital en cuya habitación hay una ventana con vistas al exterior tienden a recuperarse más rápidamente y necesitan menos analgésicos. Se ha descubierto que muchas personas mayores residentes en hogares de ancianos sufren deficiencia de vitamina D porque no pueden salir al aire libre. La luz artificial, con su falta de radiaciones ultravioletas, reduce la capacidad del intestino para absorber el calcio, de manera que los ancianos tienen más probabilidades de sufrir fracturas óseas cuando se caen.

Se ha descubierto que las aulas sin ventanas tienen un efecto perjudicial en la salud y el comportamiento de los niños. Experimentos llevados a cabo con ratones y conejos en salas sin ventanas han demostrado que se atacan entre ellos y se autolesionan.

SUPERIOR Si la luz natural es escasa, se necesita luz artificial para realzar el nivel de iluminación. Cuando éste es bajo, también lo es nuestro nivel de energía.

IZQUIERDA Los pasillos pueden convertirse en lugares anodinos que nos llevan de una estancia a otra. Estas puertas acristaladas dan vida a esta zona casi exterior y actúan como un útil espacio de transición entre estancias.

La calidad de la luz

La luz siempre da vida a una habitación, pero la calidad de la luz es más importante que la cantidad. Imagine el ambiente cálido creado con una sola vela en comparación con el brillo duro y frío de una bombilla. La luz natural posee todo el espectro de ondas de luz, que se adaptan continuamente al momento del día o a la estación del año, mientras que la luz artificial cuenta con el mismo patrón de fluctuaciones mecánicas que no varían.

La luz intensa del sol provoca el sobrecalentamiento y la pérdida de color de los materiales; la luz diurna, en cambio, es más difusa y ejerce un efecto menos drástico (incluyendo la luz del sol y la del cielo). Nuestras casas y nuestros lugares de trabajo necesitan un equilibrio de diferentes tipos de luz.

La luz diurna ayuda a regular el reloj interno del cuerpo, que a su vez controla la temperatura y los ciclos de sueño y vigilia. Permanecer sentado una tarde en una estancia iluminada con abundante luz artificial significa que nuestro cuerpo puede desconectar de los ritmos de la naturaleza, y no siempre reconoce que es el momento de producir la hormona del sueño, la melatonina. De este modo, el cuerpo puede recibir un estímulo artificial y ver dificultado el sueño.

Iluminación desde diferentes direcciones

- *La luz del norte es más fría, indirecta, no proyecta sombras y es más uniforme, por lo que puede resultar muy útil para un lugar en el que se trabaja todo el día.*
- *La luz del sur proporciona calor e iluminación. Puede deslumbrar y proyectar sombras, por lo que tal vez resulte incómoda para trabajar.*
- *La luz del este es más fría, pero resulta beneficiosa para los dormitorios y las cocinas, ya que la luz intensa de la mañana posee cualidades que levantan el ánimo.*
- *La luz del oeste es cálida, de tonos rosados y relajante. Nos ayuda a desconectar al final del día.*

Elegir la iluminación

La luz aporta claridad y vida al interior de los edificios. La elección de la iluminación adecuada puede convertirse en una importante contribución no sólo a la salud física y mental, sino también al bienestar social. Trabajar con una luz artificial intensa durante todo el día puede hacernos sentir mal, cansados, de

IZQUIERDA Existen muchas formas creativas de utilizar la iluminación artificial. En este caso, las escaleras cuentan con pequeños focos a un lado que proporcionan iluminación para subir y bajar con mayor comodidad y sirven de elemento decorativo.

modo que es importante contrarrestar esos efectos con el nivel y el tipo adecuados de iluminación, y asegurarse de salir al aire libre un rato al día.

La mayoría de las habitaciones necesitan una buena iluminación general además de una específica que le permita disponer de luz cuando se siente a leer, por ejemplo. Las luces generales deberían tener un potenciómetro para poder disfrutar de mayor flexibilidad según el ambiente que se desee crear. Existen varios tipos de bombillas para uso doméstico, y es preciso seleccionarlas con atención.

Bombillas incandescentes convencionales

Constituyen la elección más segura y popular, ya que producen campos electromagnéticos muy reducidos e iluminan al instante, sin parpadeos y con un brillo cálido y limpio. Sin embargo, carecen de rayos ultravioletas, esenciales para una buena salud.

Las versiones que imitan la luz natural vienen en diferentes colores para lograr la mayor aproximación posible a ese tipo de luz. Esto puede resultar muy efectivo para cambiar el ambiente de una estancia: por ejemplo, los tonos azules son frescos y relajantes; los rosas, cálidos y acogedores, y los naranjas aportan energía.

Fluorescentes

Estas luces artificiales son mucho más populares en los lugares de trabajo que en la casa, aunque también se utilizan en el ámbito doméstico (sobre todo en las cocinas, en el lavadero y en los trasteros).

Los fluorescentes se utilizan mucho en los edificios públicos porque crean una iluminación global sin sombras, consumen menos electricidad y pueden durar hasta seis veces más que las bombillas incandescentes. Sin embargo, producen una luz que provoca fatiga, irritabilidad, tensión ocular y dolor de cabeza, en parte debido al parpadeo imperceptible y al hecho de que producen muchos iones positivos

Consejos para una iluminación sana

- *Sea creativo con la distribución de la iluminación y utilícela para conseguir ambiente.*
- *Use bombillas de amplio espectro para imitar la luz natural.*
- *Compruebe que todas las bombillas tengan algún tono de color.*
- *Utilice la creatividad y vaya más allá de una luz central. Existen tres tipos de iluminación: general, de trabajo y de ambiente. Utilice focos que apunten hacia arriba y hacia abajo, lámparas de mesa y de pie.*
- *Las luces naturales, como las de las lámparas de aceite y las velas, aportan un brillo suave y agradable a una estancia, pero siempre deben estar vigiladas.*
- *Cree diferentes niveles de iluminación.*
- *Utilice la luz para iluminar los rincones oscuros; la luz es energía y ayuda a evitar el estancamiento cuando éste llega a las zonas más difíciles de una estancia.*
- *Algunos rincones se benefician de quedar como espacios acogedores donde sentirse seguro y protegido.*

(responsables de crear ambientes que provocan cansancio y estrés). Las investigaciones llevadas a cabo por el científico americano John Ott han relacionado el mal comportamiento escolar con este tipo de iluminación.

Existen estudios científicos que también han demostrado que estas luces pueden tener efectos carcinógenos. Esto se debe, en parte, a que algunas aún contienen el conocido agente carcinógeno PCB (bifenilos policlorados). Estas luces se han asociado con el aumento en el número de casos de cataratas, melanoma, alergias y la llamada alteración de déficit de atención (que afecta a los niños).

Las lámparas fluorescentes crean un zumbido de fondo y, lo que es más preocupante, emanan niveles más altos de radiación electromagnética. El London Hazard Centre afirma que esas radiaciones son suficientes para ejercer un efecto negativo en los sistemas nervioso y reproductor. Dicho centro identifica los siguientes síntomas y enfermedades relacionadas con la exposición a las luces fluorescentes:

- *La hiperactividad y otros trastornos leves del comportamiento se relacionan con el parpadeo.*
- *En los afectados de epilepsia aumenta el riesgo de sufrir un ataque.*
- *Se acelera el envejecimiento de la retina.*
- *Mayor incidencia de abortos.*
- *Relación con el cáncer de piel. Un estudio realizado entre más de 800 mujeres que trabajaban en Inglaterra y Australia demostró que la exposición a la luz fluorescente en el trabajo podría duplicar las probabilidades de desarrollar un melanoma.*

Los aparatos más modernos tienden a utilizar un balastro electrónico para encender la luz, de manera que ya no producen parpadeos y emiten muchos menos campos electromagnéticos.

El tubo catódico que contienen los fluorescentes debe contar con una capa protectora, ya que emite rayos X. Si se le rompe un fluorescente, sustitúyalo siempre (y por razones de salud, no sólo estéticas).

Bombillas de luz natural

Están más cerca de la luz natural y aportan una iluminación más clara, mejor para leer. Contienen una luz azul de la que carecen las bombillas incandescentes; por ello, la luz puede parecer más fría pero en realidad es mejor para la vista.

Luces de amplio espectro

Imitan el espectro completo de las ondas de luz que aparecen en la luz natural, y producen una luz brillante. Sólo están disponibles en fluorescentes.

Su cobertura única crea una luz muy similar a la del sol, lo que permite vivir mejor en entornos artificiales. Resultan especialmente útiles para los afectados de trastorno afectivo estacional.

Las luces de amplio espectro contienen ondas ultravioletas (UV), a las que nuestros cuerpos están muy adaptados. Estas ondas son importantes para la salud, ya que pueden descender la presión sanguínea e incrementar la actividad cerebral, lo que mejora la eficacia en el trabajo y alivia la fatiga. La luz ultravioleta es vital en pequeñas dosis para disfrutar de buena salud, pero en grandes dosis provoca quemaduras y puede acabar en un cáncer de piel. Elija un filtro polarizador que frene los destellos y haga que la luz se parezca más a la luz natural del norte.

Luces que ahorran energía

Son tubos minifluorescentes, y pueden emitir un pequeño campo electromagnético. Ahorran energía y cuentan con un balastro electrónico moderno, de manera que el parpadeo no es un problema.

Luces halógenas

Se trata de bombillas pequeñas que proporcionan una luz incandescente e intensa, mucho más que las de las bombillas normales. La luz que producen está más cerca de la natural, pero también emiten un calor intenso. Por ello, necesitan enchufes especiales y algún tipo de protección. Las luces halógenas también necesitan un transformador que produce campos electromagnéticos altos. Antes de instalarlas, por tanto, piense si puede colocar esos transformadores lejos de las zonas de descanso y sueño. También conviene no instalarlos en un techo que sea, a su vez, el suelo de un dormitorio.

El otro punto problemático es su potencial de peligro de incendio, ya que proporciona alrededor de cinco a diez veces más de potencia que una bombilla incandescente equivalente.

TENSIÓN GEOPÁTICA

SUPERIOR IZQUIERDA Si un gato se siente atraído por una zona determinada puede ser un indicador de que ahí existe una línea de tensión geopática. Un trabajo a medio terminar también indica una casa despojada de energía debido a la tensión geopática.

SUPERIOR DERECHA Una casa descuidada en un vecindario elegante constituye una señal de que la propiedad está llena de tensión geopática, lo que hace que los propietarios se sientan cansados e incapaces de reunir la energía necesaria para mantener la propiedad.

Nuestros antepasados vivían en un mundo donde estaban en armonía con los ritmos naturales de la tierra. No sufrían los efectos de las radiaciones artificiales y, por tanto, eran sensibles al nacimiento de la vida en ciertos lugares, mientras que en otros los animales enfermaban y la vegetación no se desarrollaba. Aprendieron a evitar las zonas menos saludables y pensaron en el modo de cambiar una zona de negativa a positiva según la forma en que se relacionaban con ella en rituales y ceremonias.

En el mundo moderno parece que este modo de relacionarse con las energías terrestres se ha olvidado, ya que se erigen edificios sobre pozos de extracción, cavidades subterráneas, fallas y corrientes de agua, elementos que crean distorsiones en la energía.

La comprensión y las habilidades de nuestros antepasados para limpiar o evitar el tensión geopática son hoy más importantes que nunca. Si se sentían mal, creían que podían sanar los ritmos antinaturales de la tierra mediante rituales antiguos. Asimismo, crearon sistemas de piedras erectas y monumentos sagrados para mantener el equilibrio de energía.

¿Qué provoca tensión geopática?

El término tensión geopática proviene del griego *geo* (tierra) y *pathos* (enfermedad), y significa «enfermedad de la tierra». Es la palabra que se utiliza para referirse a los campos magnéticos distorsionados o inestables que provienen de la tierra. Estos campos energéticos naturales bajo el suelo sufren un cambio debido a la acción de algún factor que crea una resonancia discordante bajo la capa terrestre. Esta energía invisible «aparece» como una línea o rayo de tensión geopática, que suele tener alrededor de 30,5 cm de ancho. Los puntos donde se producen alteraciones graves de energía pueden ser tan grandes como la anchura de una casa, aunque se trata de casos extremos.

El efecto negativo de las líneas de tensión geopática se siente con igual intensidad en el piso 20 de un edificio como en la planta baja, ya que la cantidad de hormigón y acero usados en la construcción moderna amplifica las radiaciones terrestres negativas.

El agua subterránea puede transportar las vibraciones geopáticas, amplificando su carácter negativo de tal manera que el agua que fluye bajo una casa puede resultar perjudicial para sus ocupantes. Los movimientos terrestres naturales pueden crear fricciones en los puntos donde existen grandes depósitos minerales y fallas en los sustratos, y todos son fuentes naturales de tensión geopática.

No obstante, cada vez existen más causas de las que el hombre es el responsable. Los movimientos de tierras y rocas, y las excavaciones profundas para los trabajos de minas, canteras, carreteras, ferrocarriles, metro, torres de electricidad y cimientos para edificios pueden provocar discordancia.

Es importante comprobar la tensión geopática que existe en nuestras casas y cambiar los muebles de sitio para evitar las zonas negativas o bien utilizar aparatos eléctricos u otros métodos a fin de neutralizarlas.

Efectos de la tensión geopática

La influencia dañina de la tensión geopática se encuentra en muchas casas actuales. Y va en aumento porque, al parecer, la contaminación electromagnética de los aparatos eléctricos y las líneas de suministro la estimulan. La tensión geopática es más dañina si en el dormitorio «aparece» una línea que cruza la cama o, lo que es peor, si hay dos líneas que se cruzan. Los efectos se perciben con intensidad porque se duermen siete u ocho horas en ese lugar, de manera que todo el cuerpo resulta afectado. Además, se ha descubierto que las radiaciones de la tierra son más fuertes por la noche. Por tanto, en lugar de nutrir el cuerpo con la frecuencia natural de la tierra, lo hace con otra frecuencia que no beneficia al correcto funcionamiento del cuerpo. Esto provoca alteraciones en el sistema inmunológico, y pueden aparecer muchos síntomas que han empezado a asociarse con la geopatía. Debido a la alteración general de energía, las personas que viven en casas afectadas por este fenómeno son más propensas a discutir, sufrir problemas económicos, falta de energía, vitalidad y concentración.

Trastornos mentales y emocionales

La Dulwich Health Society, en el Reino Unido, afirma haber examinado las casas de muchas familias cuyos ocupantes se habían divorciado o tenían cáncer. Su investigación demuestra que el 95 % de esas casas estaban afectadas por la tensión geopática. Si su casa está bien, pero usted se pasa el día sentado en una línea de tensión geopática (por ejemplo, en la oficina), no por eso está a salvo de sus efectos. Las oficinas con líneas que discurren sobre determinados escritorios tendrán mayor nivel de enfermedades, absentismo y falta de moral entre los empleados afectados. Si le cuesta concentrarse o permanecer despierto en ciertas habitaciones o lugares, puede considerar que allí hay tensión geopática.

SUPERIOR IZQUIERDA Y DERECHA

Un árbol nudoso o retorcido suele indicar que bajo sus raíces existe tensión geopática. Una hiedra prolífica, sobre todo si se acompaña de grietas en el edificio, puede ser otra señal.

Aunque todo esto pueda hacerle perder las ganas de seguir leyendo, existen numerosas investigaciones y pruebas que sostienen estas afirmaciones. Una de las expertas más conocidas sobre el tema es Kathe Bachler, una profesora austríaca que dirigió una investigación sobre 11.200 dormitorios a principios de este siglo. Descubrió que el 95 % de los niños con dificultades de aprendizaje dormían sobre líneas de tensión geopática. En países europeos como Austria, Alemania y Polonia, la población es mucho más consciente de la tensión geopática, y numerosos médicos envían a personas expertas en buscar las líneas a las casas de sus pacientes si sospechan que éstos sufren sus efectos.

Actualmente, la construcción se realiza en cualquier parte debido a la falta de terrenos, y las zonas que antes se consideraban inadecuadas se usan hoy para edificar. Asimismo, muchos materiales de construcción modernos tienen el potencial de amplificar las radiaciones negativas que ya existen en el lugar.

Sensibilidad a la tensión geopática

Las personas son sensibles a los efectos de la tensión geopática, y en general sienten sus «vibraciones» de forma inconsciente cuando entran en un edificio (aunque no entiendan que esa sensación procede de la tensión geopática). Las casas con este fenómeno no se venden tan fácil, y los negocios que ofrecen un servicio público –restaurantes, tiendas y

Compruebe si en su casa existe tensión geopática si experimenta algunos de los siguientes síntomas:

- *Duerme mal y a menudo se levanta con sensación de no haber descansado.*
- *Tiene dolores de cabeza o migrañas con frecuencia.*
- *Observa que después de trasladarse a una nueva vivienda duerme mal.*
- *Su hijo se despierta fuera de su cama, sufre de pesadillas o se mueve mucho mientras duerme.*
- *Los miembros de la familia se muestran hiperactivos y agresivos.*
- *No siente su casa como un lugar cómodo y feliz.*
- *Tiene frecuentes dolores de espalda.*
- *La tensión emocional o la depresión le afectan con frecuencia.*

hoteles– no parecen tan atractivos cuando están afectados por el mismo.

La tensión geopática puede resultar perjudicial para los humanos, pero a algunos animales les beneficia. Los perros resultan muy afectados por sus efectos y nunca descansarán si su cama se encuentra en una zona de tensión geopática. A los gatos, en cambio, les encanta (lo que, en ocasiones, puede ser un buen indicador de que en el punto determinado existe tensión). Observe sus lugares favoritos para dormir y examínelos, sobre todo si están alineados en toda la casa. Las hormigas y las avispas se sienten atraídas por esta energía, por lo que sus nidos también pueden indicar dónde se encuentra una zona de tensión geopática. Cuando logre limpiar una línea, probablemente descubrirá que las hormigas desaparecen. Si, por cualquier razón, vuelve la tensión, las hormigas también regresarán.

Si existe una línea de tensión geopática que recorre toda su casa, tal vez descubra que la línea se abre camino hacia el jardín. Si tiene su origen bajo un seto, es probable que exista un hueco donde la vegetación no crezca bien. También es posible observar árboles que desarrollan brotes y nódulos cancerosos, con troncos más retorcidos. La humedad, el moho y el frío dominan en esas zonas.

Los puntos de tensión geopática también presentan energía estancada, lo que atrae al desorden, las grietas en la pintura y la rotura de ventanas y baldosas. Además de los signos físicos obvios, puede sentirse muy cansado o incómodo en determinado punto de una estancia. Una casa con aspecto abandonado constituye una señal inequívoca de tensión geopática en un edificio cuyos ocupantes luchan con el letargo para intentar seguir con las reparaciones que se hacen necesarias constantemente.

No siempre es posible localizar todas las señales de tensión geopática, pero puede probar con unas varillas de zahorí (es decir, sintonizar con las vibraciones que hay bajo su casa mediante esa herramienta). *Véanse* págs. 64-65, donde encontrará instrucciones paso a paso para poner en práctica la técnica de las varillas.

Cómo tratar la tensión geopática

Una solución sencilla e inmediata consiste en mover la silla, reubicar la cama o trasladarse a otro dormitorio. Para comenzar, evite por todos los medios dormir o pasar muchas horas en líneas de tensión geopática. La mayoría de las casas con tensión geopática en una zona cuentan con otra que es segura. Siempre se puede buscar una solución.

Limpiar la tensión geopática

Una línea de tensión geopática situada en un vestíbulo o un pasillo, por ejemplo, no representa la misma amenaza para la salud que una línea que recorra su cama, su sillón favorito o su cocina. La limpieza de esas líneas implica, en general, algún tipo de experiencia, por lo que es mejor buscar un zahorí experto o un profesional del feng shui. Éstos deberían saber dónde trabajar, y pueden cambiar o armonizar la resonancia de la línea de tensión geopática con el uso de una técnica conocida como acupuntura terrestre.

Neutralizar la energía negativa

Se pueden adquirir aparatos eléctricos que emitan varias señales que cambien la vibración de la energía distorsionada. La Dulwich Health Society (Reino Unido) produce una máquina Raditech que sólo se enchufa a la corriente. Otro aparato es el Helios I de Polonia, que armoniza la tensión geopática enviando emisiones similares a las energías naturales de la tierra. Crea un ambiente armónico y tranquilo en todas las habitaciones que lo rodean.

INFERIOR Existen diversos aparatos para armonizar la energía en un espacio. Este Helios simplemente se enchufa a la corriente y ayuda a neutralizar las radiaciones perjudiciales.

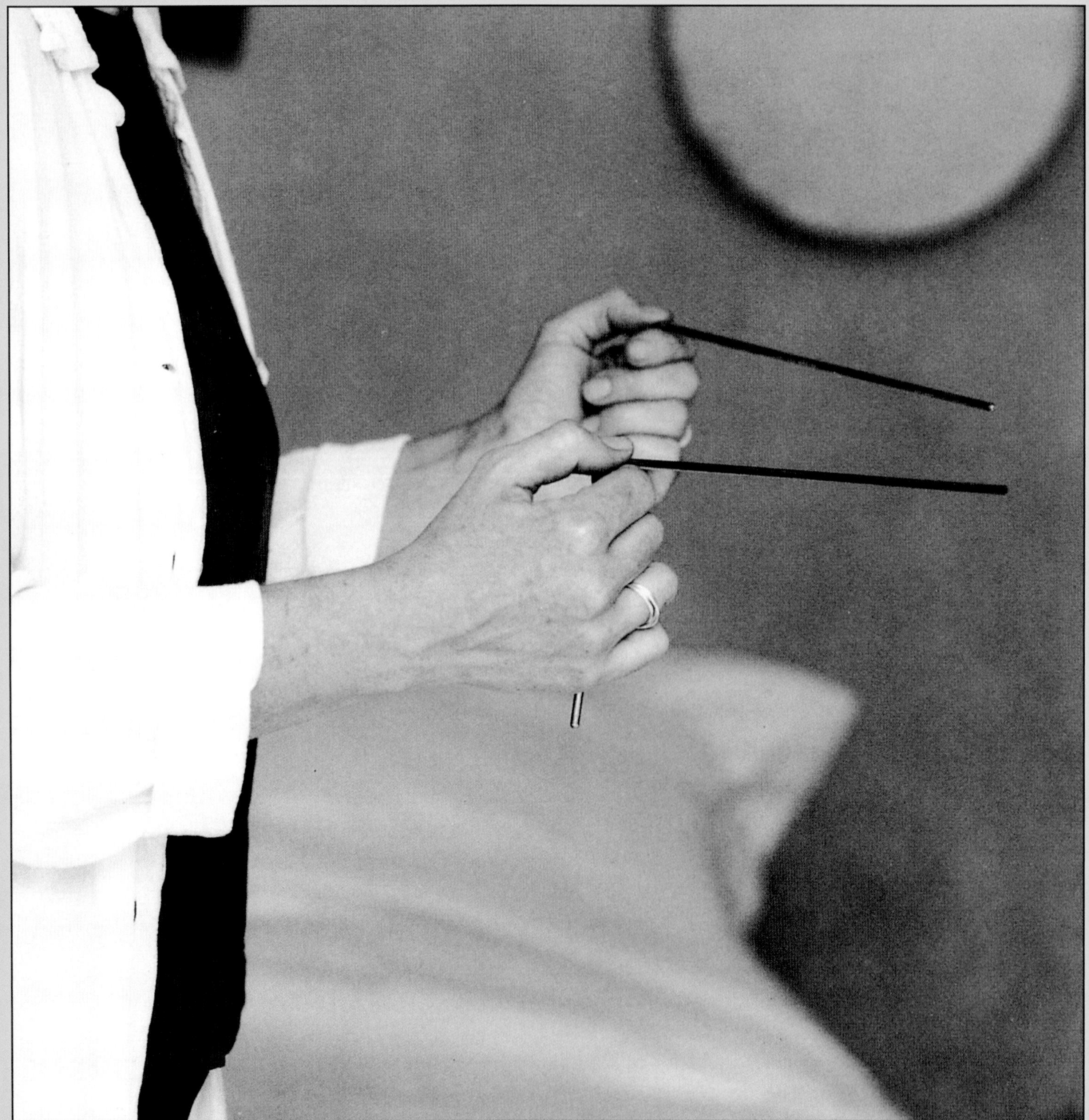

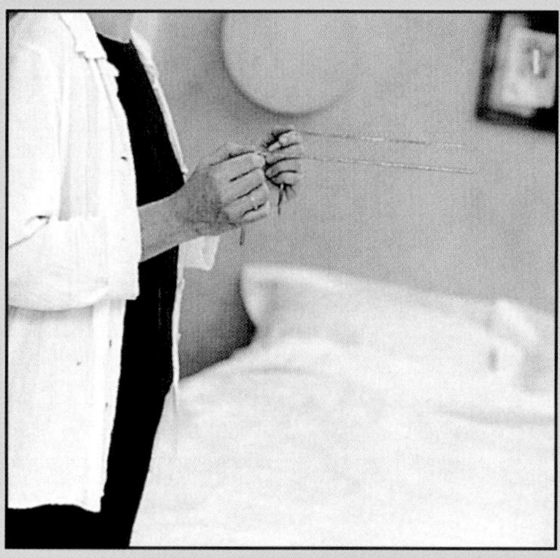

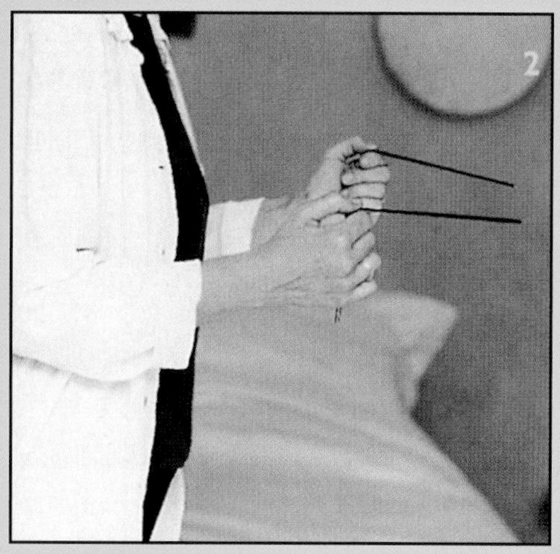

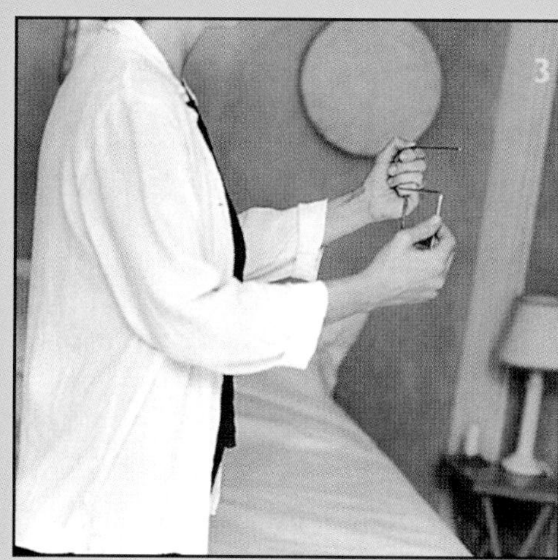

Cómo buscar la tensión geopática

No siempre es posible interpretar todas las señales, pero puede encontrar pruebas de la existencia de tensión geopática mediante la técnica del zahorí (sintonizando las vibraciones que existen bajo su casa con una herramienta de zahorí). Esta técnica es una habilidad que algunas personas han practicado y perfeccionado hasta lograr el nivel de experto, pero todos tenemos la capacidad de hacerlo. El éxito depende de su voluntad para aprender las técnicas y desarrollar su habilidad para concentrarse en el proceso. Debe utilizar su intuición para sintonizar con la vibración de todo lo que le rodea y comenzar a interpretar las reacciones en su cuerpo. El proceso de búsqueda consiste en percibir el camino hacia las respuestas y dejar a un lado la lógica. Los zahoríes o radiestesistas experimentados usan su propio cuerpo, ya que es la herramienta más sensible, pero es mejor comenzar con un dispositivo como un péndulo (cualquier cosa suspendida de una cadena o una cuerda) o un par de varillas.

Pasos sencillos para buscar la tensión geopática con varillas

Muchos zahoríes expertos utilizan varillas de cobre en forma de L, ya que son las más sensibles. No obstante, si le resulta difícil conseguirlas, puede hacer sus propias varillas a partir de dos ganchos de alambre.

1 *En primer lugar, estudie la casa. Comience con los puntos que resulten incómodos o que parezcan descuidados antes de pasar a las demás estancias de la casa. Las líneas de tensión geopática de un vestíbulo representan un riesgo para la salud menos grave que las que cruzan su cama.*

2 *Prepárese mentalmente. Despeje su mente y concéntrese en las siguientes preguntas: ¿Tengo permiso para buscar las líneas? ¿Debo hacer preguntas? ¿Es adecuado que busque en este momento? En su primer intento, tal vez no acuda ninguna respuesta a su mente. No obstante, y a menos que obtenga un NO rotundo, prosiga.*

3 *Sujete una varilla en cada mano, a la altura del pecho, con los brazos separados a la altura de los hombros. Debe sujetar las varillas con firmeza, pero con la soltura suficiente que les permita girar si registran una respuesta. Las varillas responderán a cualquier pregunta cuya respuesta sea SÍ o NO. Practique primero con algo que sepa que tiene tensión geopática: por ejemplo, una cabecera de hierro de una cama o un enchufe.*

4 *Relájese y respire profundamente varias veces. Comience a caminar por la habitación mientras que se plantea las siguientes preguntas: ¿Dónde hay una línea de tensión geopática? Por favor, cruzaos para mostrármela (figura 1).*

5 *Cuando se acerque a la línea de tensión, las varillas empezarán a cruzarse (figura 2).*

6 *Cuando se encuentre en la línea, las varillas se cruzarán completamente (figura 3).*

Nuestros cuerpos se componen de los sistemas energéticos de mente, cuerpo, emociones y espíritu, y todos están delicadamente conectados. Cuando uno de estos sistemas pierde su equilibrio, afecta a todos los demás. Por tanto, si sufrimos con frecuencia de ansiedad o crisis emocionales, se puede acabar por erosionar nuestra salud física. Nuestro sistema inmunológico no sólo se debilita por el ataque de las toxinas cada vez más numerosas de nuestro entorno y nuestros alimentos (*véase* pág. 74). Además, nuestra capacidad para afrontar este ataque se ve disminuida por el enorme aumento de toxinas emocionales que creamos en nuestro interior al sentir ansiedad. Las presiones psicológicas y emocionales que nos afectan provienen de dos fuentes: factores externos en nuestra vida y nuestro estilo de vida, y el grado en que afrontamos las exigencias y el modo en que tratamos nuestras emociones. Ambos están relacionados con una buena salud y determinan si sufriremos o no alguna enfermedad.

Presiones externas

Muchas personas llevan una vida frenética: trabajan muchas horas y se someten a elevadas dosis de estrés. Se ha demostrado que las personas tienen el doble de posibilidades de contraer un resfriado o desarrollar una alergia cuando trabajan bajo un estrés prolongado. Un estudio realizado con trabajadores británicos y publicado en el *Daily Mail* en 1999 revela que el 71 % de los empleados estaban estresados debido al ritmo acelerado de su vida, mientras que el 40 % afirmaba que las enfermedades que les obligaban a permanecer de baja eran consecuencia directa del estrés.

En el mundo muchas personas sienten una enorme presión al trabajar muchas horas en ambientes muy competitivos para conseguir el éxito. Pero ¿qué entendemos por éxito? En Occidente está directamente relacionado con el poder, el nivel y la riqueza material para vivir con todas las comodidades. Es una definición limitada del éxito, difícil de confirmar. Un estudio llevado a cabo en 1998 por Demos, un comité asesor británico, sugería que el dinero no puede comprar la felicidad. La investigación del nexo entre la solvencia personal y la calidad de vida percibida demostró que los habitantes de Bangladesh, uno de los países más pobres del mundo, obtenían más felicidad de sus pequeños ingresos que algunos europeos de los suyos, más grandes. En una tabla de clasificación de 54 países, Bangladesh ocupaba el primer puesto en lo que a felicidad respecta, seguido con diferencia de los países más desarrollados. Aunque los europeos y norteamericanos disfrutan de bonanza económica en comparación con otros países, el informe concluía que existe pobreza emocional debido al consumismo y a la desaparición de la familia numerosa y la vida en comunidad.

SUPERIOR Las personas siempre nos hemos enfrentado a estrés o presión. En la actualidad, los trabajadores pasan mucho más tiempo separados de sus familias y muchos sufren las incomodidades que supone trasladarse a diario al trabajo. El problema radica más en la reducción de la capacidad para afrontar la presión que en sus verdaderas fuentes.

IZQUIERDA En la primavera del año 2000, el gobierno británico aprobó una iniciativa para animar a la población a dejar de trabajar tanto para invertir en la vida familiar. Este concepto es originario de Estados Unidos y se basa en la creencia de que cuando los trabajadores disfrutan de una vida familiar satisfactoria, tienen menos probabilidades de caer enfermos.

No es la presión del cambio en nuestra vida laboral, sino del sentimiento de no tener el control de nuestra carga de trabajo, el factor que parece clave en las sustancias químicas que provocan estrés en nuestro cuerpo, que se desequilibra de tal modo que puede desarrollar enfermedades. Cuando las personas se abren al cambio y se sienten implicadas en el proceso, en especial en el trabajo, el estrés pierde su capacidad de provocar enfermedades. Un sentimiento de impotencia ejerce un efecto debilitador en la capacidad de funcionamiento del sistema inmunológico. Las personas que disfrutan de buena salud son aquellas que afrontan los cambios de forma positiva. Una investigación llevada a cabo entre directivos americanos demostró que los que consideraban el cambio como una oportunidad para crecer y tener una nueva experiencia tendían a gozar de buena salud, mientras que los que lo percibían como una amenaza a su seguridad eran los que enfermaban.

Conseguir éxito no sólo consiste en lograr riqueza material o progresar en el trabajo, sino también en disfrutar de equilibrio en todos los aspectos de nuestra vida. Con unas vidas tan sobrecargadas y programadas, cada vez es más habitual cuestionarse el precio que pagamos y sentirse infravalorado. Muchas personas no se sienten valoradas en el trabajo y consideran que el éxito que han conseguido está vacío. El estrés resultante de sentirse insatisfecho en el trabajo y de tener la moral baja constituye un factor que provoca el desarrollo de enfermedades. Se-

El coste del éxito económico contribuye de forma significativa al estrés cotidiano. La vida familiar desaparece debido a las prolongadas jornadas laborales, a menudo por parte de ambos progenitores; el tiempo que se invierte en traslados del trabajo a casa, y la presión a la que se enfrentan muchas mujeres que trabajan fuera de casa y se ocupan de su familia. Desaparecen los sistemas más tradicionales de apoyo, las familias ya no disponen de abuelos u otros familiares para que les ayuden.

SUPERIOR El cambio en la vida familiar desde la década de 1960 ha sido espectacular. Han desaparecido muchos actos cotidianos, y las familias se reúnen cada vez menos para comer juntos.

SUPERIOR DERECHA La mayoría de las mujeres trabajan fuera de casa. Hacer malabarismos para compaginar las responsabilidades es muy estresante, por lo que es importante intentar encontrar tiempo para sí misma.

gún un estudio publicado en *The Globe* y el *Daily Mail* en 1998, un increíble 80 % de los americanos habían descubierto que odiaban su trabajo, y parece que también había aspectos espirituales más profundos en juego. Un estudio de *USA Today* apuntaba que si un ser supremo de un reino superior viniese a la tierra, la pregunta más popular que el 34 % de las personas le harían sería: «¿Cuál es mi papel en este mundo?». Mientras que la principal preocupación de las naciones subdesarrolladas es la comida, en las otras culturas más desarrolladas la necesidad es tener una dirección clara en la vida (es decir, necesidad de amor, verdad, objetivos y paz interior).

Salud emocional

No es lo que ocurre a nuestro alrededor, sino nuestra interpretación de los acontecimientos, lo que puede determinar que caigamos en el estrés. La calidad de la salud depende de lo adecuadas y efectivas que sean las reacciones ante los nuevos retos.

Además de nuestra salud física, resulta bastante obvio que necesitamos cuidar de nuestra salud emocional. Una enfermedad menor puede ser una señal de aviso de nuestro cuerpo, que nos dice: «cambia tu modo de actuar o de vivir». Si estos mensajes se pasan por alto, se podría desarrollar una enfermedad seria. Las personas con una vida estable y equilibrada disfrutan de una especial habilidad para reparar su sistema inmunológico. Un estudio americano mostró una conexión entre el exceso de estrés mental y el estrechamiento de las arterias, lo que provoca daños similares a los del tabaco.

Cómo lograr equilibrio emocional

- *Mantenga una actitud abierta y apueste por nuevas ideas.*
- *Lea o escuche algo que le anime cada día.*
- *Dedique un tiempo a la meditación. Ayuda a poner las cosas en perspectiva y a terminar el día de un modo que le permitirá dormir mejor.*
- *Si mantiene un punto de vista optimista, es probable que viva más tiempo. Los científicos de la Clínica Mayo, en Minnesota, han establecido que una perspectiva pesimista tiende a acortar la esperanza de vida.*

Nuestro lado espiritual es la voz interior que conoce nuestra verdad. Tiene el importante papel de ayudarnos a crear equilibrio en nuestras vidas, pero muchos ignoramos esta intuición o no tenemos acceso a ella porque las presiones nos bloquean y nos impiden escuchar lo que nos dice. Cualquier cosa que hagamos para ponernos en contacto con nuestro lado espiritual nos ayudará a reajustar nuestras vidas y conseguir una buena salud. Un método consiste en preguntarnos sobre algunas de las cuestiones que nos hagan reaccionar: ¿Qué haría si me dijesen que sólo me quedan seis meses de vida? ¿En qué invertiría el tiempo? Las respuestas pueden ayudarnos a recuperar el contacto con lo que realmente creemos que son nuestras prioridades en la vida.

Cómo despejar nuestra mente

Los sentimientos de ira, desilusión, miedo, culpabilidad y resentimiento influyen en los niveles de toxicidad física, celular y bioquímica en nuestro cuerpo. Cuando nuestro equilibrio mental se ve alterado por la ira, el equilibrio ácido/alcalino de nuestro cuerpo se decanta hacia la acidez, y sus delicados procesos se ven obligados a hacer lo que pueden para restaurar un entorno alcalino saludable para el cuerpo. Si estos ácidos no se expulsan fácilmente de la sangre, se depositan en algún punto del cuerpo, lo que puede provocar enfermedades.

Según Caroline Myss, en su libro *The Creation of Health*, el origen de la falta de salud y las enfermedades proviene de ocho modelos de disfunción:

- *Problemas emocionales serios sin resolver.*
- *Ideas negativas.*
- *Incapacidad para recibir amor.*
- *Falta de sentido del humor.*
- *Necesidad de tener el control.*
- *Ignorar las necesidades físicas del cuerpo.*
- *No encontrar sentido a la vida.*
- *Tendencia a la negación (sobre cualquier tema).*

Vivir con un objetivo

Según mi opinión, en esencia existen dos modos de vivir la vida. En el primer caso, nos vemos sacudidos por las circunstancias en que nos encontramos, con el resultado de un camino vital y una situación que no planeamos y, posiblemente, no valoramos.

El segundo caso implica encontrar un verdadero objetivo para nuestra vida, alguna visión que nos guíe, que nos conduzca hacia delante en la vida incluso en los momentos inevitables de grandes dificultades, contratiempos y problemas. Cuando nos arrastran las circunstancias que escapan a nuestro control, lo habitual es tomar decisiones a partir de lo que hemos visto, oído y experimentado anteriormente. Por tanto, estamos siempre limitados por el pasado y somos incapaces de ejercer nuestra libre voluntad.

Cómo controlar el estrés

- *Aprenda a controlar mejor todas sus emociones.*
- *Muestre un interés activo por su salud y aprenda qué puede hacer para evitar todas las enfermedades.*
- *Encuentre válvulas de escape para el estrés: ejercicio, relajación y meditación, por ejemplo. Aficiónese a alguna actividad estimulante.*
- *Repase su vida y sus intereses, pregúntese sobre lo que le gusta y no le gusta hacer.*
- *Reevalúe su trabajo y considere cómo puede conseguir más equilibrio en su vida (por ejemplo, trabajando desde casa).*
- *Piense en las diversas posibilidades de cambio y obsérvelo como un aspecto positivo de su vida. El despido puede considerarse como el fin de una carrera, pero también es el comienzo de una fase nueva, desconocida pero emocionante en la vida.*

Cuando nos arrastra una visión de nuestro objetivo futuro, nosotros y nuestros actos somos propiedad de ese futuro, de modo que tenemos mayor capacidad para tomar el control de nuestro destino personal. Éste es uno de nuestros derechos inalienables como seres humanos, la expresión definitiva de nuestra libertad. Por tanto, la elección es sencilla: puede poseer el futuro o ser posesión del pasado.

Cuando nuestras vidas reflejan un propósito espiritual más elevado, las diversas toxinas mentales (ira, angustia, miedo, culpabilidad y resentimiento) se disuelven de forma natural. Como resultado, tenemos la libertad de conseguir lo que realmente queremos y vivir nuestras vidas al máximo. Esto significa que la vida es mucho más sencilla y que cabe la posibilidad de conseguir lo que nos propongamos.

Crear un mapa del tesoro

Este ejercicio le ayudará a identificar sus objetivos, vivir sus sueños y conseguir la vida feliz y sana que merece.

Una de las cosas que he observado sobre la vida en general es que, con frecuencia, conseguimos las cosas que nos proponemos. El acto de centrarse o prestar atención a algo dirige la energía hacia ese algo. Si, por ejemplo, piensa constantemente en situaciones negativas, es mucho más fácil que acabe atrayéndolas. Si, en cambio, proyecta sus energías hacia situaciones más positivas en su vida (como un ascenso en el trabajo, aumentar su círculo de amistades o hacer realidad un proyecto familiar), es mucho más probable que las circunstancias y las personas que necesita para lograr un objetivo aparezcan como por arte de magia.

Por tanto, si mantiene unas expectativas positivas sobre el camino que desea que siga su vida, habrá caminado mucho trecho hacia la creación de una existencia más feliz y sin estrés. De hecho, el 90 % de lo que se necesita consiste en pensar en positivo, concentrarse en lo que se desea. La creación de un «mapa del tesoro» constituye una herramienta muy eficaz para lograr la vida que desea. Se hace del siguiente modo:

1 Decida su objetivo

¿Cuál es su sueño? ¿Cómo le gustaría que fuese su vida? El popular autor de obras sobre desarrollo en los negocios, John Kalench, sugiere tres preguntas que debemos hacernos:

a) Si no tuviese que trabajar para ganarme la vida, ¿qué haría?

b) Si ganase un buen premio en la lotería, ¿qué sería lo primero en lo que gastaría el dinero? (Olvídese de las facturas.)

c) ¿Como viviría el resto de mi existencia si me dijesen que me quedan seis meses de vida (sana)?

Otra sugerencia interesante del escritor Stephen Covey es hacer balance de su vida, imaginar su propio funeral y preguntarse cómo le gustaría ser recordado. Es sumamente importante para nuestra salud espiritual que nuestra vida tenga un sentido.

2 Haga de ese objetivo algo más real

Cuando haya identificado lo que desea, ya sean cambios en su estilo de vida o temas específicos (un coche nuevo, por ejemplo), debe verbalizarlo. Decirlo en voz alta y escribirlo constituye el punto de arranque del proceso de liberación de esos objetivos, que así salen de la imaginación.

Visualizar la consecución de su objetivo también resulta de ayuda: imagínese conduciendo ese coche que desea o en el trabajo que busca y se sentirá más conectado con el objetivo.

3 Cree una imagen visual de sus objetivos

Expresar sus aspiraciones en símbolos e imágenes ayuda a convertir los sueños y objetivos en realidad. Ello implica buscar fotografías, recortes de revistas y objetos que reflejen lo que desea. Pueden simbolizar una idea: por ejemplo, una imagen de un cuenco dorado puede significar para usted que su vida está llena de fortuna. Si desea un coche nuevo, consiga en un concesionario una fotografía del modelo exacto y en el color que más le guste.

4 Preparación

Reúna todas las imágenes elegidas y dispóngalas en un tablón o un marco. Cuando las observe todas juntas, es posible que le den más información sobre lo que ocurre en su vida, tal vez realzando una zona desequilibrada. Cree un montaje atractivo y pegue cada imagen en el soporte.

IZQUIERDA Hojee revistas y folletos en color para encontrar imágenes positivas y estimulantes que reflejen la vida que desea llevar. Sea atrevido e imagine lo inimaginable.

SUPERIOR Cuando termine su mapa del tesoro, préstele su atención y energía observándolo cada día. No se centre en el modo de conseguir su objetivo, sino en lo que quiere, y deje que empiecen a ocurrir cosas mágicas.

***5** Mantenga el mapa a la vista*

El hecho de observar su póster o «mapa del tesoro» le ayudará a comenzar la siguiente fase de su vida con el objetivo en mente. Elija un lugar para colgarlo en el que pueda verlo cada día. Conectarse con él a diario le dará sensación de determinación y una inyección de energía que le ayudará a llevar su vida en la dirección deseada.

***6** El poder del ritual*

Puede lograr que este proceso de búsqueda del tesoro sea todavía más eficaz si realiza algún tipo de ceremonia cuando lo termine: por ejemplo, crear un ambiente especial con unas velas, con flores o con un tema musical especial. Podría convertirlo en algo excepcional haciendo que un amigo actúe de testigo y brindando después por su futuro.

***7** Otras técnicas*

Además de las técnicas de visualización, puede utilizar las afirmaciones. Se trata de declaraciones positivas de sus intenciones en tiempo presente que ha de repetirse a sí mismo cada día. Un buen ejemplo: «Estoy relajado y tengo toda la energía y el tiempo necesarios para hacer todo lo que quiera».

Somos lo que comemos, de manera que cada vez que comemos algo realizamos una importante elección de salud. La mayoría de las personas piensan que siguen una dieta razonable, pero muchas dietas occidentales son inadecuadas y, de hecho, algunas personas sufren malnutrición. Muchas de las prácticas dietéticas con las que hemos crecido se reconocen hoy como importantes contribuciones a enfermedades degenerativas. Aunque los efectos de una dieta errónea pueden manifestarse al principio como una falta de energía, irritabilidad o alergias leves, a más largo plazo lo que comemos podría provocar daños más serios a nuestra salud.

Es difícil corregir toda una existencia de mala alimentación, pero debemos revisar con urgencia lo que comemos y adoptar nuevas prácticas que contribuyan a nuestra salud de una forma más positiva.

Demasiada comida

En pocas palabras, en las sociedades occidentales se come demasiado. Nuestra ingesta de calorías es hasta tres veces superior a la de los habitantes de los países menos desarrollados, aun cuando muchos de ellos llevan vidas mucho más activas.

Nuestros cuerpos pueden llegar a sufrir la presión de comer demasiado, y además casi siempre se trata de alimentos poco recomendables. Teniendo en cuenta que nuestros cuerpos no toman nutrientes esenciales de lo que comemos, el estómago envía señales de hambre incluso después de haber comido mucho más de lo que es bueno para nosotros en cuanto a calorías.

La mitad de los adultos de numerosos países desarrollados padece sobrepeso, y según un informe del Worldwatch Institute publicado en *The Sunday Times* (enero de 2000), la tasa de obesidad se ha duplicado en la última década. Comer demasiado acorta nuestra vida, además de provocar problemas que incluyen la falta de energía. Se cree que reduciendo drásticamente la cantidad de calorías que tomamos (por ejemplo, a la mitad, a menos de 2.000 al día) podríamos alargar nuestra esperanza de vida.

Dieta rica en grasas

En la sociedad occidental, consumimos demasiadas grasas. Algunas dietas presentan niveles de grasas tan elevados como el 35-45 %, mientras que solamente se necesita un 10 %. La grasa constituye una valiosa fuente de energía, pero cuando se toma en exceso contribuye a la obesidad, las enfermedades cardiovasculares, la hipertensión, la arteriosclerosis (con la consecuencia de infartos y accidentes vasculares cerebrales), la diabetes y el cáncer.

Las grasas animales son más dañinas para la circulación y los niveles de colesterol que las grasas vegetales, que incluyen el aceite de oliva (la base de la dieta mediterránea más sana). Un consumo elevado de grasas sobrecarga el sistema digestivo, sobre todo si se combina con un estilo de vida sedentario.

Alimentos procesados y aditivos

Gran parte de lo que comemos son alimentos procesados, con demasiados aditivos y sal (que aumenta la presión sanguínea). El cuerpo no digiere con eficacia la comida de preparación rápida. Ann Marie Colborn afirma en *Food and Healing* que existen entre 5.000 y 7.000 sustancias químicas que todavía se utilizan para conservar los alimentos y realzar su aspecto, color, sabor, textura y aroma. Pueden afectar negativamente a los nutrientes de la comida y suelen incluir colorantes, blanqueadores, acidulantes, hidrolizantes, endulzantes e incluso desinfectantes.

Los alimentos refinados están exentos de nutrientes esenciales. Cuando se refinan y se limpian, al trigo y al arroz se les quita la cáscara, que es la que contiene los minerales esenciales para metabolizar los granos. Cuando se come arroz y trigo blancos, el cuerpo carece de valiosos nutrientes para digerirlos.

DERECHA Tomar alimentos fritos, salados y grasos continuamente tiene un precio. Cuando pasa el breve momento de placer, nos damos cuenta de que hemos añadido unos gramos más a nuestro peso. En Europa hay un índice cada vez más elevado de obesidad; en Estados Unidos, una cuarta parte de la población está destinada a sufrir un sobrepeso considerable.

Consumir demasiada carne roja

La dieta occidental incluye demasiada carne roja. El *New England Journal of Medicine* de diciembre de 1990 hablaba del estudio más importante llevado a cabo sobre el cáncer de colon, en el Brigham Women´s Hospital, en Boston, con 88.000 mujeres. La conclusión fue que cuanta más carne roja y grasas animales se consumen, más probabilidades se tienen de sufrir cáncer de colon. Se necesita mucha energía para descomponer la carne en sus diversos componentes útiles, una energía que podría ser utilizada para preparar al cuerpo contra el cáncer.

Demasiadas proteínas

De nuevo, la dieta occidental moderna contiene demasiadas proteínas. Los alimentos ricos en proteínas necesitan mayores niveles de sal y otros minerales para ser descompuestos en sus elementos esenciales. El problema es que cuando no se consumen suficientes minerales, se recurre a los propios recursos del cuerpo para digerir las proteínas.

Las investigaciones demuestran que las dietas ricas en proteínas pueden provocar mayores niveles de acidez en la sangre, lo que hace que ésta disuelva más calcio de los huesos. En el mundo, la incidencia de osteoporosis (enfermedad degenerativa ósea) se relaciona con la ingesta de proteínas (*Diet for a New World*, John Robbins,1992). El descenso en el consumo de proteínas protege los niveles de calcio, importantes para la salud ósea. El proyecto China Health, de 1988, estudió a 6.000 personas y llegó a la conclusión de que en China (con el 7 % de las proteínas de procedencia animal) mueren cuatro personas por 1.000 a causa de enfermedades cardíacas. En la mayoría de países europeos, donde el 70 % de las proteínas son animales, unas 100 muertes de cada 1.000 se deben a enfermedades cardíacas.

Exceso de productos lácteos

Nuestra dieta también contiene demasiados productos lácteos. Los países occidentales que consumen los mayores niveles de productos lácteos tienen el mayor número de casos de osteoporosis, ya que esta enfermedad está relacionada con la ingesta elevada de proteínas (que obliga al calcio a salir del cuerpo). El calcio no se encuentra sólo en la leche de vaca: las semillas de sésamo y el kelp (un alga) tienen diez veces más, y en una forma más fácil de absorber por el organismo humano. El consumo elevado de productos lácteos se ha relacionado cautelosamente con problemas ginecológicos, como tumores y quistes, y con el aumento de la incidencia de cáncer de mama.

Los productos lácteos provocan reacciones alérgicas en muchas personas: producen un exceso de mucosidad que tiende a tapar las membranas del sistema digestivo e impiden la absorción de nutrientes esenciales. Muchos desequilibrios del cuerpo, como la sinusitis, el asma y el eccema, pueden desaparecer en un par de semanas cuando los productos lácteos se retiran de la dieta.

Tomar demasiadas bebidas estimulantes

La cafeína es un poderoso estimulante, y se encuentra en bebidas tan populares como el té, el café, los refrescos de cola y otras bebidas gaseosas. En su vertiente positiva, incrementa la actividad del cerebro, alivia el cansancio y hace estar más alerta, pero la parte negativa es que puede aumentar el ritmo cardíaco, elevar la presión sanguínea y llevar al cuerpo a un estado de estrés. Dado que es diurética, hace que trabajen más los riñones y aumenta la excreción de calcio de los huesos. Es adictiva y muchas personas pueden sufrir síntomas de síndrome de abstinencia, como dolores de cabeza, cuando dejan de tomarla. Es conveniente intentar reducir el consumo lentamente y tomar más agua o infusiones.

El azúcar en la dieta

Tomamos demasiado azúcar. La mayoría es refinado, y se encuentra no sólo en los dulces, chocolates y pasteles, sino también en muchos alimentos procesados, enlatados y congelados. Algunos cereales para el desayuno a base de arroz y trigo contienen nada menos que un 50 % de azúcar. El azúcar refinado entra rápidamente en el torrente sanguíneo, dejando el cuerpo en un estado de choque. Esto provoca la respuesta de estrés y el bombeo de insulina en la sangre, para reducir los niveles de glucosa del cuerpo («azúcar» de la sangre). Esta bajada repentina puede provocar comportamiento irregular, desequilibrio emocional y los clásicos cambios de humor. Les sigue un deseo de tomar más azúcar, de ahí su naturaleza adictiva. El azúcar no tiene valor nutricional, ya que las calorías están vacías de vitaminas y minerales. El exceso provoca obesidad y menor resistencia a las enfermedades.

Los niños son más susceptibles al azúcar y pueden sufrir reacciones hormonales espectaculares. La alternativa sana consiste en tomar más edulcorantes naturales, como miel, jarabe de arce, zumo de frutas y jarabe de arroz, que se liberan más lentamente en la sangre. No ejercen un impacto tan intenso en el cuerpo como los azúcares refinados, entre los que se incluyen el jarabe de maíz, la sacarosa, la dextrosa y la fructosa.

El uso del microondas

Durante miles de años, nuestros antepasados cocinaron con fuego. La cocción con microondas es una innovación que cambia la estructura energética de los alimentos, y nuestros cuerpos todavía no se han adaptado desde que se introdujeron. Un científico suizo, el doctor Hans Hertl, dirigió en 1999 unos análisis de sangre de un pequeño grupo de personas que habían tomado una comida preparada en microondas. Descubrió que sus niveles de hemoglobina habían descendido, y ello afecta a la capacidad de la sangre para transportar oxígeno. La investigación fue prohibida por los tribunales suizos hasta que el Tribunal Europeo de Derechos Humanos permitió que se publicara en 1998.

El uso de pesticidas

La mayor parte de frutas y verduras se rocían con billones de litros de sustancias químicas al año para controlar las plagas y enfermedades y para maximizar la producción. Los niños pueden ingerir cuatro veces la dosis de un adulto, ya que sus órganos están menos capacitados para tratar con las toxinas. Algunos países del Tercer Mundo todavía utilizan sustancias prohibidas, como el DDT, de manera que pueden llegar al mundo occidental a través de la comida que exportan. Los productos orgánicos sin tratar son cada vez más populares.

IZQUIERDA Parece delicioso, y a muchos de nosotros nos costaría rechazar un dulce, incluso estando llenos. El científico de la NASA William Grant dirigió un estudio independiente publicado en el año 2000 según el cual el exceso de azúcar refinado debería considerarse un peligro para la salud. La cafeína anima durante un tiempo, pero a la larga provoca un descenso de los niveles de energía. El café descafeinado no es la solución, ya que las sustancias químicas que se utilizan para extraer la cafeína representan un nuevo problema.

DOS

Medidas para aliviar el estrés

Aparte de encontrar modos de combatir los siete factores estresantes que contaminan el cuerpo, también podemos reducir el nivel de estrés de forma que se vea afectada la capacidad de los factores estresantes que desequilibran nuestro cuerpo. Este capítulo trata de las diferentes medidas que podemos practicar para aliviar el estrés. Cada una ejerce un efecto en la salud, pero las tres primeras –sueño, dieta y ejercicio– son las más importantes. El resto se convertirán en contribuciones valiosas a la calidad de vida y a su capacidad para controlar su salud.

SUEÑO

Según los expertos en salud, existen tres factores clave que contribuyen al mantenimiento de una buena salud: la alimentación, el ejercicio y el descanso nocturno. La mayoría de las personas conocen los dos primeros, pero muy pocas son conscientes de la medida en que el sueño puede contribuir a nuestro bienestar. De hecho, de los tres factores, es el más importante. El sueño es sanador, aunque las investigaciones indican que el 50 % de la población duerme tan poco o tan mal que afecta negativamente a su salud. Y, lo que es más, muchas personas no se dan cuenta de que la calidad y la cantidad de su descanso nocturno no son las adecuadas.

Beneficios del sueño

La falta de un buen descanso constituye una fuente importante de estrés en sí misma, ya que cuando estamos dormidos el cuerpo procesa mucha de las tensiones que experimentamos durante el día. Por tanto, para mantenernos sanos necesitamos un sueño profundo y reparador cada noche. El sueño no es un lujo, sino una necesidad para mantenernos en marcha. Si no se duerme el tiempo suficiente, se puede llegar a morir. Una investigación llevada a cabo por William Dement para su libro *The Promise of Sleep* indica que 110 millones de americanos duermen mal, y se calcula que entre el 10 y el 30 % de los europeos padecen problemas de sueño. Existen muchas razones para ello. En primer lugar, nuestras mentes siguen ocupadas con preocupaciones y ansiedades porque no sabemos cómo deshacernos de ellas; en segundo lugar, nuestros cuerpos están demasiado tensos por la falta de ejercicio y de técnicas de relajación en la rutina diaria; en tercer lugar, porque no hacemos del descanso una prioridad ni creamos dormitorios que favorezcan el sueño.

El sueño no es únicamente un estado de descanso corporal, ya que el cerebro está más activo durante el sueño que a lo largo del día. Libera combinaciones de hormonas que estimulan la actividad celular, sobre todo las hormonas del crecimiento en los niños. En el cerebro se producen muchos cambios eléctricos, ya que envía mensajes al cuerpo para organizar su reparación y renovación. Se procesan los pensamientos y las ideas del día, se optimizan las capacidades de memoria y aprendizaje, y los sueños nos pueden enviar mensajes y señales de nuestra naturaleza espiritual.

El sueño pasa por distintas etapas, pero la más importante es la quinta fase, la REM (*rapid eye movement*). Éste es el momento en que el cerebro se encuentra tan activo como si se estuviese despierto, pero con el cuerpo en reposo. En esta etapa desaparece cualquier tensión muscular, y la persona que duerme alcanza una profunda relajación. El cerebro valora más el sueño REM que el no REM, y también parece ser más importante para el proceso de curación del cuerpo. El sueño REM no aparece de inmediato; en general, sigue a una hora de sueño no REM. Si se despierta por la noche preocupado o incómodo, con frío o con la necesidad de ir al lavabo, la calidad de su sueño se verá alterada aunque duerma ocho horas, ya que el cerebro se habrá perdido parte de su valioso sueño REM.

Cuántas horas de sueño se necesitan

La mayoría de las personas necesitan alrededor de siete u ocho horas de sueño cada noche. La cantidad de sueño necesaria varía según las diferentes etapas de la vida: los bebés duermen la mayor parte del día, y aproximadamente el 50 % de este tiempo es sueño REM, mientras que los adultos sólo pasan entre el 15 y el 20 % en sueño REM. Los niños de dos años necesitan dormir alrededor de 12 horas, además de una siesta, mientras que los niños de más edad y los adolescentes necesitan unas 10 horas. Las necesidades de sueño bajan en la edad adulta; los ancianos duermen una o dos horas menos.

DERECHA La clave para conseguir un buen descanso nocturno consiste en comprobar que el entorno en el que pasa más tiempo resulte realmente favorable. Compruebe si existen líneas de tensión geopática en su dormitorio o si hay campos electromagnéticos elevados, sobre todo alrededor de la cabeza.

SUPERIOR Y DERECHA Es posible favorecer el sueño a través de productos naturales, como el aroma de lavanda (ya sea en un cojín o en un quemador de aceite) o un baño relajante a la luz de las velas y con una infusión para acompañar. Estos relajantes ayudarán a liberar la tensión y conseguirán que el sueño llegue mucho antes.

Falta de sueño

El cerebro registra las horas que dormimos, de manera que si perdemos una hora por noche durante la semana, al final de ésta el cerebro registrará que se han perdido cinco horas de sueño. El cerebro necesita que recupere ese sueño, pero permitirá que su cuerpo funcione con menos horas de descanso debido a la descarga de adrenalina de la hormona inducida por el estrés y a la estimulación del trabajo, por ejemplo. Quite esta estimulación y se sentirá adormilado en los momentos tranquilos del día y, a menudo, mientras conduzca.

Según una investigación de William Dement, el 23 % de la población admite haberse dormido al volante, mientras que el 33 % de los accidentes de tráfico se atribuyen a la somnolencia. Cuando se va falto de sueño resulta más difícil concentrarse y tomar decisiones, y algunas personas creen que por cada hora de sueño que se pierde durante la semana, se baja un punto de cociente intelectual. La memoria a corto plazo se ve seriamente dañada. La falta de sueño es la causa de algunos de los accidentes más famosos del mundo, incluyendo el del petrolero *Exxon Valdez* en 1989.

Existen pruebas de que la cantidad de horas de sueño influye en la esperanza de vida. Un estudio realizado en Finlandia indica que los hombres faltos de sueño tenían 6,5 veces más probabilidades de sufrir problemas de salud, mientras que las mujeres con falta de descanso nocturno multiplicaban sus posibilidades de caer enfermas por 3,5. La falta de sueño también afecta al funcionamiento del sistema inmunológico, que nos ayuda a combatir las enfermedades. Nuestra capacidad de mantener un sistema de defensa eficaz se ve seriamente diezmada por la falta de sueño. Un estudio demostró que las personas que habitualmente se quedan despiertas hasta las 03.00 horas presentan un 30 % de descenso de las células naturales del cuerpo que nos protegen contra el cáncer.

Apnea del sueño

La apnea del sueño hace que los que la padecen se despierten cada pocos minutos porque no pueden respirar correctamente. Muchas personas no saben que lo padecen porque no recuerdan que se despiertan. Esta alteración provoca una gran presión en el cuerpo, y se cree que, en Estados Unidos, 38.000 infartos y accidentes vasculares cerebrales mortales están relacionados con este problema. Se considera que los ronquidos fuertes son una forma de apnea.

Muchas personas creen que estar cansado, apático o aletargado forma parte de la condición humana y son estados provocados por un trabajo aburrido, una comida copiosa o una habitación demasiado calurosa. Sin embargo, esos factores suelen ser una señal de una severa falta de sueño. Un descanso reparador nos repone mentalmente y nos ayuda a prepararnos para el día siguiente. La falta de sueño nos convierte en personas tensas e irritables, e incluso provoca una mayor propensión a la rabia y la violencia. Podemos reaccionar de forma exagerada, perder la paciencia, ver cómo empeoran nuestra vitalidad y nuestra capacidad para hacer frente a los problemas y perder nuestra habilidad creativa. El sueño es una medicina natural vital de la que necesitamos una dosis completa cada noche.

Cómo dormir bien

- *Evite cualquier tipo de estimulante antes de irse a dormir. Esto incluye alimentos azucarados y bebidas con cafeína, como café, té, cacao y refrescos de cola.*
- *Lea algo que levante el ánimo antes de dormir, ya que las últimas ideas que entran en la mente antes de conciliar el sueño programan el descanso.*
- *Elimine los pensamientos ajetreados confeccionando una lista con todo lo que tiene que hacer al día siguiente. Su mente puede pasar esa información a su poderoso subconsciente para que éste trabaje mientras duerme.*
- *Medite durante diez minutos. Si no dispone de una zona tranquila, siéntese en la cama. Respire profundamente y con comodidad a fin de liberar los pensamientos de su mente. El hecho de conectarse con su yo espiritual le ayudará a liberarse del estrés.*
- *Un paseo a paso rápido puede ayudar a conciliar el sueño, sobre todo si pasa la mayor parte del día sentado o si es una persona inactiva.*
- *Evite la iluminación intensa a última hora, ya que puede bloquear la capacidad del cuerpo para fabricar melatonina, la hormona inductora del sueño.*
- *Las plantas como la lavanda son relajantes y pueden ayudar a conciliar el sueño. Utilice unas gotas de aceite de lavanda en agua, en un quemador de aromaterapia, para llenar el ambiente con su aroma relajante. Como alternativa, ponga dos gotas de aceite de lavanda en un lado de su almohada.*
- *No pase frío, utilice una bolsa de agua caliente si es necesario. Los expertos del sueño afirman que los pies deben estar calientes y la cabeza fría.*
- *Tome un baño a la luz de las velas, ya que contribuye a reducir la tensión corporal. Añada unas gotas de aceites esenciales (de lavanda, neroli o geranio, por ejemplo) al agua.*

- *Pruebe un colchón imantado, que crea un campo de energía a su alrededor similar al del campo magnético de la tierra. Esto puede ayudarle a conseguir un sueño mejor y más profundo.*
- *Utilice una almohada ortopédica que le sujete el cuello, sobre todo si ronca.*
- *Una infusión de manzanilla es una bebida muy relajante. Tómese una justo antes de acostarse a fin de liberar su mente de las tensiones.*
- *Los momentos antes de irse a dormir son decisivos, así que trátese con delicadeza, haga algo que le relaje y despídase del día.*

IZQUIERDA Elija materiales naturales, como el algodón y el lino, para la ropa de cama. Los materiales artificiales, como las mezclas de poliéster y algodón, pueden resultar incómodos para la piel porque amplifican los campos electromagnéticos que rodean el cuerpo.

EXTREMO IZQUIERDA Las vigas sobre la cabeza pueden alterar el flujo de energía que existe sobre la cama. Ese flujo irregular se ha corregido en este caso creando una estructura con cuatro postes y un material ligero por encima de la cama, directamente encima de las personas que duermen en ella.

Como ya se ha apuntado en el capítulo anterior (*véanse* págs. 74-77), algunos tipos de alimentos pueden resultar perjudiciales, mientras que otros tienen la capacidad de curar. Si aprendemos a aprovechar esa capacidad, podremos empezar a restaurar el equilibrio de nuestro cuerpo, mente y espíritu.

La comida puede representar una contribución muy importante a nuestra salud. Controlamos lo que comemos y cuántas veces lo hacemos. Podemos aprender a interpretar lo que nuestro cuerpo necesita realmente y darle el combustible adecuado para evitar malgastar energía haciéndolo trabajar con alimentos que nos perjudican. Se trata de una poderosa medicina que podemos utilizar para librarnos de algunas de las toxinas presentes en nuestro cuerpo. Cuando tomamos alimentos realmente sanos, nos sentimos felices, nuestras mentes están más despejadas y los síntomas incómodos comienzan a desaparecer. Pueden ayudarnos a deshacernos del estrés.

Pautas para una dieta sana

Comience a introducir cambios en su dieta a partir de ahora mismo, pero de forma gradual. Introduzca nuevos productos, como cereales integrales, en su dieta diaria en lugar de retirar de golpe todo lo que considere poco beneficioso para su salud. Cuando comience a tomar productos integrales, más naturales, perderá gradualmente el gusto por los alimentos más dañinos. Comience por un nuevo desayuno a base de cereales integrales orgánicos y añada miso. Incluya más productos integrales en su dieta y tome más carbohidratos complejos (arroz integral, avena, pan integral y pasta).

Una dieta sana implica que puede reducir el consumo diario de suplementos de vitaminas y minerales. Cuando se extrae vitamina C de una naranja y se pone en una cápsula, se le despoja del sistema global que suele acompañarle. El cuerpo no sabe interpretar con seguridad esa vitamina C aislada, y al detectar un desequilibrio de esa vitamina, comenzará a deshacerse de ella. La naturaleza aporta todo lo que necesitamos en la justa proporción.

Consuma productos de temporada

Cuando una fruta como la piña crece de forma natural en climas cálidos, su finalidad es refrescar a las personas que viven en ese clima. Cuando se vive en un lugar de clima más fresco, el hecho de refrescar el cuerpo es lo último que se necesita y resulta más adecuado consumir tubérculos locales. Se ha descubierto que un tercio de la población afirma sufrir dolores de cabeza tras tomar algún alimento frío.

Tome alimentos frescos y naturales

Compre productos orgánicos, cultivados sin sustancias químicas perjudiciales. Tienen mayor contenido de proteínas y vitamina C, además de que saben mejor. Los alimentos que se preparan frescos conservan su *chi* o fuerza vital invisible, que se pierde con la congelación o la conservación. Tome verduras crudas cada día, aunque no es aconsejable si se tienen problemas de digestión.

Obtenga más proteínas vegetales

El Framlington Heart Study, que comenzó en 1949, constituye la investigación en curso más larga sobre enfermedades cardíacas y dieta. Su director, el doctor Castelli, afirma que los vegetarianos presentan la tasa más baja de enfermedades coronarias, sólo el 40 % de los casos de cáncer, y sobrepasan a los consumidores de carne en una media de seis años más de esperanza de vida.

Cambie el equilibrio de su dieta

Intente obtener el 50-60 % de carbohidratos a partir de cereales, el 20-25 % de verduras, el 5-10 % de frutas y el resto de grasas insaturadas, semillas y proteínas de judías, lentejas y tofú. Aumente su selección de bebidas más allá del té, el café y los refrescos de cola. Existen muchos tipos de infusiones, la mayoría con fines terapéuticos. Tome abundante agua filtrada o embotellada para limpiar el organismo (alrededor de un litro al día).

Intente cenar más temprano

El sistema procesa los alimentos más deprisa si se cena temprano, lo que nos hace sentir más sanos y nos ayuda a mantener el peso del cuerpo. Alrededor de las 20.00 horas, el sistema digestivo empieza a «desconectarse» y la energía se destina a diferentes funciones.

Mastique más veces

La digestión comienza en la boca: la saliva analiza la comida que después pasa al estómago. Envía mensajes por adelantado para que se produzcan las enzimas adecuadas y estén preparadas para la comida que está en camino. Cuando se come de forma lenta y relajada, se comienza a notar cómo reacciona el cuerpo a determinados alimentos, lo que permite descubrir qué es lo que nos conviene.

Aprecie su comida

Deténgase antes de empezar a comer y reflexione sobre el valor de la comida y lo afortunado que es

IZQUIERDA Elija verduras locales y de temporada y, siempre que sea posible, compre productos de cultivo orgánico, ya que son más seguros. Muchas de las verduras que se compran en supermercados tienen residuos de pesticidas. La Organización Mundial de la Salud calcula que se producen 20.000 muertes inintencionadas al año por culpa de los pesticidas (principalmente organofosfatos, ampliamente utilizados).

SUPERIOR Las propiedades antibacterianas, antifúngicas, antivirales y antiparasitarias del ajo lo han convertido en uno de los remedios más valiosos para los resfriados y la gripe. Posee un efecto alcalinizador y ayuda a regular la presión sanguínea. Es mejor tomarlo natural en lugar de en píldoras. Asimismo, es un poderoso antibiótico y favorece la actividad del sistema inmunológico.

SUPERIOR Un estudio realizado en 1999 por una empresa de cátering para colegios, Gardner Merchant, descubrió que uno de cada cuatro escolares sustituye su cena caliente por alimentos dulces y sabrosos. Si se les deja elegir, los niños optarán por los alimentos muy procesados. Es importante que coman con la familia a horas establecidas.

DERECHA El miso es una pasta de soja fermentada, sal marina y –en ocasiones– algún tipo de grano, como arroz o cebada. Se trata de un gran alcalinizador que se puede preparar muy fácilmente, disolviendo la pasta en agua. Se pueden añadir tubérculos para dar sabor al caldo, así como algas. Se sirve con cebolletas picadas y tofú.

por disponer de ella fácilmente. Respire profundamente, relaje el cuerpo y la mente y concéntrese en el sabor de los alimentos. En su libro *Diet for a New World*, John Robbins demuestra que comer tranquilamente refuerza el sistema inmunológico.

Ayuno para desintoxicar el sistema

Cuando no se ingieren alimentos durante al menos 24 horas, el cuerpo desvía la energía vital que habría utilizado para la digestión, la asimilación y la eliminación para una profunda limpieza interna. Al beber solamente agua se libera al cuerpo de toxinas que podrían comenzar a obstruir las arterias. Cuanto más largo sea el ayuno, mayor será la limpieza. Resulta muy beneficioso dedicar un día a la semana para estimular la reparación y la autocuración del cuerpo. Un ayuno de 7 a 10 días, una vez al año, aporta más energía y constituye una apuesta por la longevidad. Asegúrese de consultar con un médico antes de comenzar ayunos largos y tener muy claro exactamente qué y cuánto debe beber para mantener el sistema durante el período de ayuno.

Aporte más equilibrio a su dieta

La enfermedad es el modo que tiene el cuerpo de decirnos que necesita un cambio. Tomar alimentos adecuados puede ayudarnos a enfrentarnos a un entorno estresante, cambiar el estado de ánimo y dirigir los acontecimientos de forma adecuada.

Elegir el tipo de alimentos apropiados y combinarlos bien requiere alguna práctica. Ya que la comida desempeña un papel tan importante en nuestra salud, es imprescindible disponer de tiempo para experimentar con los diferentes modos de incluir los alimentos integrales en la dieta, sobre todo los macrobióticos. Una dieta de este tipo le permitirá disfrutar de su vejez al máximo. Cualquier esfuerzo y planificación para organizar una dieta integral son una inversión que reportará importantes beneficios.

La comida puede curar

Investigue el poder de la comida como medicina y medida preventiva. La inglesa Linda Kearns ha sido protagonista en la prensa por la receta de un pastel que ha inventado y que, según ella, puede ayudar a recuperar el equilibrio del cuerpo femenino durante la menopausia, actuando como una eficaz alternativa a la terapia de sustitución hormonal. Durante el proceso de su investigación del modo que tienen otras culturas de afrontar la menopausia, descubrió que las japonesas ni siquiera tenían una palabra para referirse a los sofocos que parecen afectar a todas las mujeres occidentales. Kearns atribuye este fenómeno al hecho de que la dieta japonesa es rica en tofú y soja. El tofú orgánico es equilibrado en proteínas y calcio; junto con la harina de soja, es el ingrediente utilizado para el pastel.

Tras la explosión de la bomba atómica en Nagasaki, en 1945, tanto el personal como los pacientes del hospital que se encontraba a 1,5 km del centro de la explosión contrajeron radiotoxemia. El director, el doctor Akizuki, alimentó a los afectados con dieta macrobiótica a base de arroz integral, miso, alga wakame y sopa de salsa de soja tamari, sin azúcar. Todos sobrevivieron, en contraste con otros habitantes de la ciudad que habían desarrollado la misma enfermedad. El miso, las algas y el tofú son buenos para limpiar los agentes tóxicos de la sangre. Las algas tienen la capacidad de cristalizar las toxinas radiactivas, lo que favorece y facilita su expulsión del cuerpo.

Hi-Gear

EJERCICIO

El ejercicio físico regular es uno de los factores más importantes para mantener un cuerpo sano. Cuanto menos ejercicio hagamos, más se verá afectado nuestro cuerpo. Se ha descubierto que las personas que no practican ejercicio físico con regularidad tienen más probabilidades de morir de infarto, por ejemplo.

Es preciso hacer una distinción entre salud y estado físico. Las personas que realizan esfuerzos de forma habitual, ya sea en un gimnasio o como deportistas de competición (incluso los profesionales), pueden llegar a tener problemas de salud debido a los efectos de una dieta inadecuada, de la contaminación ambiental y química y de la exposición a las radiaciones electromagnéticas. Todo se basa en el equilibrio.

Beneficios del ejercicio

Hacer ejercicio de forma habitual puede ejercer un gran impacto en la salud y, literalmente, cambiar su vida para siempre. Reduce el riesgo de sufrir infarto, ayuda a prevenir la osteoporosis, refuerza todos los músculos, los tendones y los ligamentos, y mejora la imagen corporal y la autoestima. Aquí tiene cuatro secretos sobre el ejercicio que cambiarán su vida.

IZQUIERDA Pasar mucho tiempo encerrado, con calefacción y luz artificial, puede provocar aletargamiento. Sólo con salir a la calle se elevan los niveles de entusiasmo. Algunas personas no meditan porque les resulta difícil estar sentados y quietos, pero un paseo también se puede convertir en un momento de meditación si se llega a tomar conciencia de cada uno de los sentidos.

El ejercicio es ideal para perder peso

Hacer ejercicio es el único modo realmente sano de perder peso, ya que cuando se hace deporte aumenta el ritmo metabólico del cuerpo y, con él, la velocidad a la que se quema energía (calorías).

Si hace ejercicio un mínimo de tres veces por semana, quemará los alimentos más rápidamente a lo largo de toda la semana. El simple hecho de reducir el consumo de alimentos o calorías no es suficiente, ya que el cuerpo interpreta esa reducción como una señal de que va a comenzar una época de hambre y se prepara para conservar grasa (todo lo contrario de lo que se desea), al tiempo que se deshace del agua y el tejido muscular. Necesitamos hacer ejercicio para disfrutar de buena salud, pero otras personas lo necesitan para perder peso.

El ejercicio ayuda a reducir el estrés y favorece la salud física

El estrés puede afectar a nuestro cuerpo de forma negativa, ya que crea sustancias químicas que provocan tensión y nos hacen sentir irritables, siempre listos para pasar a la acción e incapaces de dormir bien. Más preocupante resulta que el estrés desvía los recursos corporales que posee el sistema inmunológico para reparar células y protegernos contra las enfermedades.

Cuando se lleva un estilo de vida sedentario, la adrenalina se acumula en el cuerpo y puede provocar problemas si no se libera. Durante el ejercicio, la adrenalina se quema, de manera que la relajación resulta más sencilla. Las personas que hacen ejercicio de forma habitual poseen un sistema inmunológico más eficaz, por lo que tienen menos probabilidades de caer enfermas.

El ejercicio aumenta la fuerza y la eficacia del corazón y los pulmones, la energía y el tono muscular, el sistema digestivo y la circulación de la sangre, de manera que la piel ofrece un aspecto más sano.

El ejercicio nos ayuda a sentirnos mejor y favorece la salud mental

Empezar a hacer ejercicio de forma regular puede suponer un gran esfuerzo, pero muchas personas lo consiguen y logran las recompensas físicas y mentales, y así disfrutan de una buena forma física y de mayor felicidad y vitalidad.

Durante una sesión de ejercicio intenso, el cuerpo empieza a producir endorfinas, las «hormonas de la felicidad», que le aportan una subida que dura hasta varias horas después. Toda la química del cuerpo cambia, aportando una sensación de paz y satisfacción. Aumenta la vitalidad y se tiene más energía para afrontar la vida. Todo esto ayuda a devolver el equilibrio a nuestra vida y a disfrutar de nuestro tiempo con la familia y los amigos.

La intensa oxigenación de la sangre que tiene lugar durante la práctica de ejercicio nos hace sentir más vivos, más felices y entusiastas, con una mayor claridad mental. Cuando estamos demasiado inactivos, podemos llegar a sentirnos aletargados, cansados, deprimidos y perezosos, y nuestra perspectiva de la vida puede ser menos optimista.

El ejercicio es muy eficaz para eliminar toxinas

El ejercicio intenso eleva la temperatura de los tejidos corporales, calienta la sangre y la ayuda a circular con eficacia. El resultado es que los desechos y las toxinas depositadas en las células se disuelven más fácilmente en la sangre caliente y se eliminan mediante la sudoración, la respiración o la excreción. Por esta razón, es importante beber mucha agua mineral durante y después del ejercicio. En su informe especial sobre dieta de enero de 2000, *What Doctors Dont´t Tell You*, el doctor John Briffa afirma que el cuerpo trabaja constantemente para eliminar los contaminantes ambientales que absorbemos y comemos. No obstante, llega un punto en que el sistema de limpieza normal del cuerpo no puede seguir funcionando, de manera que las toxinas se almacenan. Les gusta alojarse en las células grasas del cuerpo, y si no hacemos ejercicio suficiente y favorecemos su eliminación, los niveles de toxicidad aumentan y la estrategia de apoyo del cuerpo parece consistir en hacer las células grasas más grandes para diluir las toxinas. Recuerde que parte del proceso de envejecimiento se puede atribuir a la acumulación de toxinas, de modo que al eliminarlas se quitará algunos años de encima.

Elegir la actividad física adecuada

Para ponerse en forma es preciso elegir una actividad física que haga sudar, ya que ésta es la clave para librarse de las toxinas y de los desechos ácidos que se acumulan en el cuerpo. Cuando la temperatura interna del cuerpo aumenta, expande la enorme red de capilares de manera que la sangre, más caliente, pueda llegar a las toxinas ácidas y disolverlas. (Piense en que resulta mucho más fácil lavar los platos con agua caliente.) Si no está acostumbrado a hacer ejercicio y no se siente cómodo con las exigencias físicas de una sesión de gimnasia o de correr, no infravalore el poder de los paseos. Una de las actividades más sencillas de incorporar a su vida es caminar; puede hacerlo en cualquier parte y en cualquier momento, no requiere conocimientos especializados ni equipo, no hay riesgo de lesiones y puede proporcionar un entrenamiento total si se hace a paso rápido. Incluso puede hacer el paseo más productivo si lleva auriculares con música que le anime o algún libro grabado.

- *Encuentre un sistema de ejercicio con el que disfrute, que se adapte a su personalidad y a su presupuesto, y que pueda practicar al menos tres veces a la semana. Decida si desea practicar ejercicio en grupo (aeróbic, bádminton, baile) o en solitario (pesas, paseos, correr, yoga).*
- *El ejercicio regular puede mejorar su sensación de bienestar y su vida sexual.*
- *Los deportes aeróbicos que hacen trabajar el corazón y los pulmones incluyen: ciclismo, correr, esquí, baile, natación, gimnasia y mantenimiento.*
- *El golf es un deporte muy social, puede mejorar el tono muscular, y los paseos rápidos por la pista favorecen la salud cardiovascular. El críquet mejora el tono de la parte superior del cuerpo y aporta algo de ejercicio cardiovascular a los bateadores.*
- *Los paseos rápidos de al menos media hora al día, cinco o seis días a la semana, mejoran la forma física. Si no puede hacerlo, aproveche cada oportunidad que se le presente para caminar a ritmo rápido.*
- *Las formas de ejercicio más suaves consisten en movimientos de estiramientos localizados y técnicas de respiración profunda: tai chi, qi gong o yoga. Se trata de prácticas adecuadas para todas las edades, trabajan tanto el cuerpo como la mente, mejoran el tono muscular, favorecen la relajación y la concentración, y aumentan la autoconfianza.*
- *Puede desintoxicar el cuerpo elevando su temperatura con masajes, en la sauna o con un baño caliente, y utilizando productos con tecnología de infrarrojos.*
- *Cambie el programa de ejercicio según la época del año (intente practicarlo al aire libre al menos la mitad del año), hágalo con amigos y busque hasta que encuentre algo que realmente le funcione.*

En *Eight Weeks to Optimum Health*, el doctor Andrew Weil describe la sudoración como uno de los mecanismos importantes para una curación natural, ya que permite que el cuerpo se limpie a sí mismo de toxinas y desechos. Asimismo, ayuda a descargar el hígado y los riñones, principales responsables de la eliminación de toxinas y la purificación de la sangre.

SUPERIOR La sauna constituye un método ideal para desintoxicarse. Se trata de una forma descansada de crear calor en el cuerpo para disolver las toxinas acumuladas y ayudarlas a salir del cuerpo.

DERECHA El ejercicio es bueno porque aumenta la fuerza del corazón y los pulmones, desarrolla el tono muscular, mejora la digestión y favorece la salud de la piel. Asimismo, incrementa la resistencia física, sobre todo mediante la respiración correcta, que ayuda a desarrollar el nivel de energía.

RELAJACIÓN

Actualmente resulta muy sencillo encontrar actividades emocionantes, pero es mucho más difícil hallar tranquilidad, relajación y paz mental. La relajación puede ayudarnos a eliminar el estrés y la tensión del cuerpo y la mente, y resulta esencial para conservar la salud. Si el estrés y la tensión no se tratan, el cuerpo puede sufrir y desarrollar enfermedades físicas o mentales. Y es que sólo cuando nuestro sistema inmunológico está relajado puede trabajar con eficacia para protegernos contra las enfermedades.

La importancia de disponer de un momento tranquilo para la contemplación y el uso de técnicas de relajación para alimentar el alma y ayudarnos a cultivar la paz interior suelen pasarse por alto en nuestra sociedad actual. La meditación puede ayudarnos a encontrar una guía y sabiduría interior, esenciales para nuestra salud espiritual.

Libere las tensiones diarias siguiendo algunas de estas sencillas prácticas y técnicas de relajación.

Aprender a relajarse

- *Si tiene creencias religiosas, las oraciones nocturnas le ayudarán a librarse de las preocupaciones del día. Como alternativa, un momento de contemplación silenciosa puede tener el mismo efecto. La meditación diaria puede resultar beneficiosa (lo ideal es meditar de 10 a 30 minutos, dos veces al día).*
- *Practique qi gong o yoga. Los movimientos enseñan a la mente a relajarse, además del cuerpo. Se logra mejorar el control de la respiración y también pueden beneficiarse el funcionamiento mental y la estabilidad emocional.*
- *Escriba un diario para registrar los acontecimientos de su vida. Anote aquello por lo que se siente bien cada día. Cuando esté deprimido, lea esas notas.*
- *Programe un tiempo para disfrutar con su pareja o su familia. Cuando desconecte completamente del trabajo, su mente se relajará y dejará ir todas las ansiedades y preocupaciones.*
- *Disponga de un lugar especial, sólo para usted, para leer o hacer cualquier cosa que le relaje.*
- *Dése un masaje a la semana o algún otro tipo de terapia complementaria, como shiatsu (masajes en los puntos de presión) o reiki (curación mediante imposición de manos) para ayudarle a deshacerse del estrés. Contémplelo como una sesión importante para relajarse, y no como un lujo.*
- *Busque un centro de salud con un tanque de flotación. Mientras se flota en él, desconectado del mundo, el cerebro no recibe ningún estímulo sensorial y queda muy relajado.*
- *Recurra a las cintas de autohipnosis para relajarse.*
- *Utilice el automasaje para liberar tensiones rápidamente. Dése golpecitos con los dedos en la cabeza, los hombros, los brazos y las piernas.*

Consiga una actitud relajada ante la vida

- *Sonría más, es una medicina muy positiva. Provoca la vibración de músculos muy recónditos a los que no se llega de otro modo. La risa es contagiosa, así que animará a otras personas a sentirse más felices.*
- *Las ansiedades y los pensamientos negativos evitan la relajación, de modo que intente procesarlos y adoptar una actitud más positiva ante la vida.*
- *Escuche música relajante: posee una potente fuerza curativa que puede tranquilizar el alma. Algunas piezas de música clásica ayudan a relajarse y aprender más rápidamente. Utilice la música como ancla (o herramienta para recordar) y escuche cualquier tema que le traiga buenos recuerdos.*
- *Practique la respiración profunda desde el abdomen y no desde la parte superior del pecho. En ocasiones nos olvidamos de nuestra respiración, muy poco profunda, de manera que no transporta suficiente oxígeno y se torna más pesada y menos eficaz.*
- *Busque métodos para controlar las horas que trabaja y maximizar su tiempo a fin de utilizar mejor los ratos libres.*

INFERIOR Es importante encontrar métodos para librarse del estrés. Un síntoma de sobrecarga de estrés es tener poco aguante y explotar. La investigación llevada a cabo en la Universidad de Carolina del Norte demuestra que si se sufre esa sobrecarga de forma habitual, se tienen dos veces más probabilidades de sufrir un infarto. Sentarse en silencio y meditar ayuda a crear una calma interior; debe respirar lentamente y vaciar su mente.

DERECHA Es esencial obtener tiempo para uno mismo con el fin de recuperar el equilibrio. También conviene animar a los niños a relajarse y que dispongan de espacio para ello.

«Nunca pierda una oportunidad de contemplar algo bello, porque la belleza es la escritura de Dios; un sacramento paralelo.»
Ralph Waldo Emmerson

Todos estamos conectados de forma íntima con la naturaleza. Durante miles de años, los humanos han obtenido la comida, el refugio, las ropas y las herramientas de la naturaleza y han vivido según los ritmos que ella ha marcado. Desafortunadamente, esto ha cambiado de forma espectacular a lo largo de los últimos cien años, ya que nos hemos distanciado de la naturaleza. Al vivir en interiores cerrados, nos hemos distanciado del ciclo natural de cambios del exterior. Y hemos salido perdiendo, porque son los ritmos de las estaciones y de los ciclos naturales de día y noche los que estimulan nuestros propios ritmos internos.

El hecho de estar en sintonía con la armonía natural que nos rodea nos ayuda a encontrar el equilibrio. Y en la naturaleza todo se encuentra en perfecto equilibrio, toda criatura viviente posee su propio lugar en el ecosistema. Se pueden cultivar verduras en armonía, con diferentes plantas creciendo juntas para evitar de forma natural las posibles plagas. La tierra es un sistema de formas de vida interrelacionadas que se apoyan unas a otras.

Las estaciones

Contemplar las estaciones y experimentar los cambios que se producen en los reinos animal y vegetal nos ayuda a reafirmarnos a nosotros mismos la continuidad de la vida. Nos recuerdan que existen momentos del día y del año en que es más importante tener energía, ser activo y desarrollarse, y otros en los que el retiro, la soledad y el descanso resultan más adecuados antes de que comience la siguiente fase de renovación. Podemos cambiar nuestro comportamiento para intentar no ir contra el ritmo de la naturaleza y comenzar nuevos proyectos que requieran esfuerzo en los momentos menos estimulantes del día o en invierno.

La belleza de la naturaleza

La naturaleza es el factor antiestrés más natural que tenemos. Sus olores y sonidos, su belleza, su vida vibrante y sus texturas nos ayudan a relajar la mente; sus ritmos guían nuestras rutinas. Podemos recuperar la conexión con el mundo natural saliendo al campo con más frecuencia, acercando la naturaleza a nuestra vida y llevando más naturaleza al interior de nuestro mundo artificial.

El esplendor de la naturaleza despierta todos nuestros sentidos, incluyendo el de la admiración. El alimento espiritual es tan importante para nuestra salud como la comida sana. Nuestra intuición despierta y recuperamos la conciencia del lugar que ocupamos en el universo. En nuestro interior existe la profunda necesidad de creer en algo superior a nosotros mismos, y la naturaleza es la mejor maestra en este aspecto. Adentrarnos en el mundo natural nos permite desarrollar un sentimiento de pertenencia que alimenta nuestra alma.

Pasear rodeado de naturaleza

Salir al campo nos pone directamente en contacto con los nutrientes que realzan la vida. Caminar sobre la tierra o la hierba nos hace recuperar la conexión con la energía magnética esencial de la tierra; exponerse a la luz natural nos proporciona la energía de los rayos del sol, y sólo con salir al campo llenamos nuestros pulmones y respiramos más profundamente.

Crear un jardín

Acerque la naturaleza a su casa creando un jardín, un pequeño ecosistema de plantas, animales y pájaros que se conviertan en un microcosmos del pla-

SUPERIOR Disponer de un elemento acuático en casa constituye un excelente modo de relajar un espacio. El sonido del agua de una fuente puede ocultar los ruidos de máquinas o el murmullo del tráfico. El agua es refrescante, estimula la energía de la estancia donde se encuentra y reduce los iones de carga positiva creados por los aparatos eléctricos.

DERECHA Las plantas han dejado de ser un lujo en casa: son una necesidad debido a su capacidad para purificar el aire. Las hojas absorben diversos contaminantes químicos, que después se transportan a las raíces y se convierten en una fuente de energía para la planta.

neta. Utilice el jardín para cultivar sus propias verduras orgánicas. Un patio pequeño puede proporcionar todas las plantas aromáticas frescas, cultivadas en macetas, para sus necesidades culinarias, mientras que una azotea puede convertirse en un pequeño paraíso con vegetación exuberante y aves visitantes que le ayudarán a sentirse más conectado a la naturaleza. Si no dispone de jardín, ponga plantas en las ventanas y disfrute del placer de ver cómo crecen. La variedad de plantas aromáticas y plantas de flores perennes o aromáticas útiles, bonitas y fáciles de cultivar en maceteros de ventana es sorprendente.

Cree un jardín interior o aísle la zona del patio para poder comer fuera aunque el clima no acompañe. Las personas que viven en zonas de clima frío se sienten menos inclinadas a disfrutar del aire libre, al contrario que las que viven en climas mediterráneos. No obstante, si se abriga y enciende un fuego, estar al aire libre y al sol le resultará tan nutritivo como la comida que tome.

El mundo interior natural

Puede introducir la naturaleza en su casa de muchas formas, de manera que recupere el contacto con el mundo exterior. El uso de colores naturales en decoración puede conseguir que una habitación parezca conectada con el mundo exterior. Los tonos crudos y crema proporcionan un fondo neutro al que se pueden añadir verdes primaverales, rosas estivales y dorados otoñales (*véanse* págs. 112-116).

Las flores aportan energía y representan otro modo de aportar color a una estancia y hacer que cobre vida. Los materiales naturales, como las cestas, las piñas, la madera, las piedras y los troncos, nos conectan con el mundo exterior. Utilícelos como adornos y cámbielos según la estación del año para mantenerle en contacto con el paso del tiempo. Disponga una mesa con los frutos de temporada para celebrar el verdadero tesoro de la naturaleza.

El agua realza la vida y aporta energía. Puede conseguir que esté presente en su casa mediante varias soluciones imaginativas. Compre una pecera, una pequeña fuente o algún elemento acuático (con un filtro para reciclar el agua). El agua en movimiento ayuda a ionizar el aire: aumenta el número de iones negativos y consigue un ambiente más relajante. Los iones positivos aparecen por efecto de los aparatos eléctricos (entre otras cosas) y pueden crear más estrés para los ocupantes de la casa. El sonido del agua es relajante y ayuda a disfrazar otros ruidos desagradables.

Las plantas resultan muy eficaces para aportarnos calma y reducir el estrés en casa. Limpian el aire y consiguen que los habitantes de la casa no seamos los únicos seres vivos que habitan un espacio cerrado y artificial. En la década de 1970 se comenzó una investigación en la NASA para encontrar un modo de facilitar la vida en la luna tratando y reciclando aire en sistemas ecológicos cerrados. Descubrieron que las plantas poseen una asombrosa capacidad para purificar y revitalizar el aire. Por tanto, además de ser estéticamente agradables, favorecen la vida en entornos artificiales (sobre todo si están bien sellados para conservar el calor y carecen de ventilación natural).

El doctor Wolverton (integrante del equipo de la NASA) ha examinado 50 plantas de interior en función de su capacidad para neutralizar las distintas emisiones en el aire y de su facilidad de cultivo y mantenimiento. Estas plantas son: aloe, anturio, araucaria, areca, banano de Canarias, begonia, bromelia fasciada, cacto de Navidad, cacto de Pascua, camedorea, ciso, clorofito, crisantemo, crotón, espatifito, ficus «Alii», gerbera, helecho, hiedra, higuera, liriope, maranta, orquídea, palmera datilera, rafis, sansevieria, singonio y tulipán.

Los aceites aromáticos destilados de plantas se pueden utilizar como remedios curativos y para cambiar el ambiente de una estancia. Estos aceites esenciales se extraen de las semillas, la corteza, los tallos, las raíces, las hojas y las flores de cientos de plantas. Resultan efectivos porque nuestro sentido del olfato está muy desarrollado y se relaciona directamente con el sistema límbico del cerebro, que controla nuestros estados de ánimo.

Después de utilizar estos aceites sentirá una respuesta emocional casi inmediata. Añada gotas de aceite para perfumar cuencos de pétalos o flores secas, o póngalas en un quemador para ambientar una habitación.

Entre los aceites estimulantes que le animarán se encuentran los de albahaca, jazmín, menta, romero e ylang ylang; los relajantes, para calmar y reducir los niveles de estrés, son los de melisa, limón, valeriana, sándalo, bergamota y lavanda; entre los que refuerzan el sistema nervioso se incluyen los de enebro, salvia, lavanda y camomila. Investigue qué aceites esenciales son adecuados para cada situación y contribuya con ellos a equilibrar los diferentes procesos biológicos.

Los cristales poseen propiedades muy desarrolladas, de modo que conviene informarse sobre ellos antes de utilizarlos en casa. Ponga un trozo de amatista como protección junto al ordenador (si tiene un péndulo, utilícelo y descubra si este método es efectivo para usted), y cuarzo rosa y selenita para armonizar la posible tensión geopática. El aire fresco nos revitaliza, ya que con él entra oxígeno. Abra las ventanas a menudo y despeje la energía estancada de todas las habitaciones cada mañana. La luz natural resulta esencial para nuestra salud, así que siéntese al sol siempre que pueda (utilice un protector solar, si se expone a los rayos intensos del mediodía o si vive en un lugar de clima cálido).

Las ceremonias estacionales nos recuerdan que los elementos de la naturaleza siempre han desempeñado un papel decisivo en nuestras vidas. Los cambios de las estaciones nos afectan de diferente modo. Observar las ceremonias que celebran comunidades enteras, como la cosecha o la Navidad, puede conectarnos globalmente. Una misa o una comida en familia representan los modos más obvios de participar, pero existen cientos de festivales (como los celtas) que se celebraban en el pasado y que hoy se recuerdan. Los rituales pueden ser tan sencillos como encender velas o preparar arreglos florales, pero también los puede personalizar y crear grandes oportunidades para la diversión y la creatividad de toda la familia.

DERECHA No es necesario tener acceso a una planta baja para crear un jardín, se puede hacer en cualquier parte. Sea creativo y utilice macetas y artesas, y desarrolle su propio refugio natural en el corazón de la ciudad. La vegetación en una azotea también contribuye en gran medida a mejorar la calidad del aire, sobre todo en zonas afectadas por la contaminación del tráfico.

IZQUIERDA Y SUPERIOR Muchas personas, especialmente los habitantes de las ciudades, han olvidado lo que ocurre en las diferentes épocas del año porque sus pensamientos se centran en el entorno de su casa. Decorarla con elementos de la naturaleza nos ayudará a recuperar la conexión con los ritmos vitales. Busque piedras, plumas, conchas, ramitas y piñas cuando salga a pasear. Colocadas en el alféizar de una ventana o en una mesa aumentarán la sensación de espiritualidad en casa. Renueve los elementos según las estaciones.

La tierra es un enorme imán. De ella emana un grandioso campo magnético, una poderosa radiación de energía invisible esencial para la vida en el planeta.

Ventajas del magnetismo

La existencia sin buenas energías terrestres es imposible, y nuestro bienestar y vitalidad dependen de la cantidad de energía que produzcamos. Actualmente se cree que sólo el 70 % de energía que necesitamos puede surgir de una buena dieta que incluya las vitaminas y minerales adecuados. El otro 30 % proviene del magnetismo, energía que no procede de los alimentos y que permite a nuestras células funcionar con eficacia. El magnetismo nos permite afrontar el constante daño ambiental que sufrimos debido a las sustancias químicas y a los campos electromagnéticos artificiales. Además, ayuda a mantener un buen suministro de oxígeno a las células y el equilibrio de pH alcalino correcto.

Cada noche, cuando dormimos, nuestros cuerpos se encuentran más cerca de la tierra y cada una de nuestras células cansadas recibe un impulso similar al de un cargador de baterías. El proceso del sueño está diseñado para restaurar nuestro sistema inmunológico. El cerebro actúa como un centro de control que organiza las reparaciones importantes que el cuerpo necesita. Si el cerebro recibe interferencias de otros campos electromagnéticos, como los que emanan de los radiodespertadores, y no se puede comunicar adecuadamente con el resto del cuerpo, tenemos problemas. Esos campos electromagnéticos también influyen en nuestra conexión con el campo magnético de la tierra.

Desafortunadamente, en la actualidad experimentamos niveles más bajos de energía magnética beneficiosa que nuestros antepasados porque el campo magnético terrestre se debilita. Se ha producido un 7 % de pérdida de fuerza a lo largo de los últimos cien años (según George J. Washnis, autor de *Discovery of Magnetic Health*). Además, vivimos en ambientes urbanos donde en su mayoría las casas están construidas con hormigón y acero, que actúan como barreras contra las complejas y sutiles energías magnéticas que se absorben de manera natural a través de la tierra.

En la actualidad, sufrimos el asalto constante de vibraciones electromagnéticas dañinas. No se pueden ver, pero en gran parte están generadas por la búsqueda de modernización de nuestro estilo de vida. La proliferación de señales de comunicación, radio, televisión y telefonía móvil implica que nuestros cuerpos todavía no se han ajustado a todas estas radiaciones.

Ondas electromagnéticas artificiales

Antes de la década de 1920, cuando comenzaron las transmisiones de radio, las personas nunca habían experimentado el poder de las ondas electromagnéticas artificiales. Las pruebas presentadas por George Washnis sugieren cada vez más que estas distorsiones artificiales afectan de forma negativa al delicado equilibrio químico y eléctrico de nuestros sistemas inmunológicos, lo que provoca gran parte del estrés que sufrimos. Además, contribuyen al desarrollo de cáncer y otras alteraciones.

Curas naturales

Durante miles de años, las civilizaciones antiguas han reconocido el poder del magnetismo, no sólo para equilibrar el cuerpo sino para curarlo. La medicina moderna ha seguido el camino de la farmacología, con las drogas como primera elección para curar las enfermedades. Sin embargo, cada vez existen más pruebas de que la medicina bioelectromagnética (que incluye la magnetoterapia) podría resolver muchas de las dolencias que no curan los medicamentos. El doctor William H. Philpott ha utilizado con gran éxito la magnetoterapia en miles de pacientes. En *Discovering of Magnetic Health* se le cita por haber afirmado que el magnetismo aumenta los niveles de energía en las personas, favorece el correcto funcionamiento del sistema inmunológico y eleva los niveles de pH alcalinos de los fluidos corporales, lo que puede acabar con las células cancerígenas.

El magnetismo es una modalidad curativa muy seguida en Japón desde hace mucho tiempo, pero fue en la década de 1950 –época en que comenzaron los programas espaciales– cuando los países

SUPERIOR Y DERECHA Estar en contacto con el campo magnético terrestre favorece nuestro bienestar y vitalidad. Sin embargo, en este mundo moderno nos llegan menos radiaciones beneficiosas debido a las interferencias provocadas por los campos electromagnéticos artificiales. De este modo, nuestra salud se ve afectada.

occidentales comenzaron a reconocer el valor y el potencial del magnetismo. Los primeros astronautas regresaron a la tierra con un cansancio físico que les impedía caminar y con pérdida de densidad ósea. Las investigaciones realizadas por la NASA demostraron que esos efectos estaban causados por la falta de la influencia del campo magnético terrestre en los astronautas. Cuando se empezó a imitar la resonancia en el interior de la cápsula espacial cesaron los problemas de salud. George Washnis afirma que cada vez más investigadores reconocen que el modo de corregir los síntomas de estrés provocados por una deficiencia de magnetismo consiste en proporcionar una exposición consistente a fuentes artificiales.

Actualmente, son varias las empresas que fabrican productos que recuperan la conexión con esta energía esencial. Los colchones con imanes de bajo gauss permiten beneficiarse al máximo de la energía terrestre mientras dormimos, al contrario que la débil resonancia que se emite en condiciones normales debido a las interferencias de la contaminación electromagnética y de los materiales de construcción más modernos. Las fundas para asientos que incluyen imanes protegen contra el elevado campo electromagnético que emana de los coches y los ordenadores. Las innovadoras plantillas magnéticas que se llevan en los zapatos mantienen a los que las utilizan en contacto con la energía terrestre todo el día, incluso cuando están en lugares cerrados y en entornos artificiales.

La magnetoterapia utiliza esta energía terapéutica. Es sencilla, no invasiva, apenas tiene riesgos y presenta un porcentaje de eficacia del 70-90 %, según los estudios citados por George Washnis.

Cómo funciona el magnetismo

Nadie sabe realmente cómo funciona, pero cientos de estudios de doble ciego en todo el mundo han demostrado su eficacia. Al parecer, aumenta los niveles de pH en el cuerpo y proporciona un entorno más alcalino para la supervivencia de las células. Las células cancerígenas prefieren un entorno ácido y no pueden sobrevivir en los alcalinos. Muchos de los alimentos que ingerimos y nuestro estilo de vida estresante provocan acidez. En particular, nuestra dieta ha pasado a ser mucho más ácida a lo largo de los últimos cuarenta años (*véanse* págs. 74-77).

Al parecer, la actividad celular resulta favorecida por el magnetismo. Cada célula posee una carga electromagnética, y al aplicar un campo magnético se puede estimular la capacidad de las células para expulsar toxinas y absorber más nutrientes. Se han dado casos de fracturas óseas que se han curado cuatro veces más rápido con un campo magnético.

Los japoneses son grandes defensores de la magnetoterapia; 30 millones de ellos utilizan productos magnéticos y el 10 % de la población se sienta o duerme sobre materiales magnéticos. De aquí debemos extraer una valiosa lección, ya que la Organización Mundial de la Salud ha designado a Japón como el país más sano del mundo. En Estados Unidos se gastan anualmente dos trillones de dólares en salud y, sin embargo, ocupa el vigésimo cuarto puesto. España se encuentra, según la OMS, entre los primeros diez países más sanos.

Cómo utilizar el magnetismo

- *Camine con los pies descalzos. Así entrará en contacto directo con el campo magnético terrestre.*
- *Utilice productos que aporten energía terrestre a su casa, como asientos y colchones magnéticos.*
- *Investigue qué productos magnéticos pueden ayudar a reequilibrar el cuerpo y favorecer su bienestar.*
- *Beba agua magnetizada colocando un vaso sobre un imán durante una hora. Utilice bolas de lavar magnéticas, que cambian la estructura molecular del agua del mismo modo que lo hacen los detergentes.*

Todas las formas de vida dependen del sol, y durante millones de años nos ha alimentado a diario. Contribuye a controlar la mayoría de nuestras funciones corporales, sobre todo los mecanismos de relajación, y mantiene nuestro reloj interno en línea con los ritmos diarios naturales de la tierra.

Los poderosos rayos del sol

Nuestra salud necesita todo el espectro de radiación solar, y eso incluye las ondas infrarrojas que proporcionan calor, las longitudes de onda ultravioletas (UV) y, por supuesto, la luz visible (que contiene todos los colores del arco iris).

Luz UV

La luz UV estimula la circulación de la sangre, baja la presión sanguínea, aumenta el metabolismo de las proteínas, reduce la fatiga, estimula la producción de glóbulos blancos (parte de nuestro sistema de defensas), ayuda a crear endorfinas (las hormonas de la felicidad) y participa en la asimilación de calcio y en la producción de vitamina D para la salud de los huesos. Dada la importancia de esta luz para nosotros, el doctor John Ott recomienda que pasemos seis horas al día a plena luz, ya sea junto a una ventana o saliendo fuera. Recuerde que la mayoría de las personas pasamos en la actualidad casi el 90 % de nuestro tiempo encerradas, así que necesitamos realizar un esfuerzo para exponernos a la luz.

Las luces de amplio espectro (*véase* pág. 60) representan la única forma de luz artificial que contiene los rayos UV tan importantes para la salud. Los beneficios de la luz penetran a través de la piel y los ojos, por lo que es importante no utilizar gafas de sol siempre que nos expongamos a la luz natural.

El arquitecto Christopher Day afirma, en sus estudios, que la luz inadecuada provoca cambios hormonales que en los humanos se denomina trastorno afectivo estacional, y que es el responsable de la esterilidad de las ovejas que viven encerradas. Esto conduce a la especulación de que la luz natural puede influir en la fertilidad humana.

La importancia de la luz natural ya se ha tratado en las páginas 55-56, de modo que en esta sección nos centraremos en el papel que desempeñan las ondas infrarrojas (en especial las lejanas) en la salud.

Ondas infrarrojas lejanas

Dentro del espectro natural de ondas electromagnéticas generadas por el sol se encuentran las ondas infrarrojas. De éstas, las lejanas poseen una resonancia natural con el agua y todos los organismos vivos del planeta. Los humanos pueden absorberlas fácilmente, penetran en lo más profundo de nuestro cuerpo y crean un calor uniforme (a diferencia del calor intenso e irregular de las ondas infrarrojas cercanas generadas por las cocinas eléctricas). Este mismo calor reconfortante es el que transmitimos cuando abrazamos a alguien o acunamos a un bebé en nuestros brazos.

Las ondas infrarrojas lejanas son especialmente eficaces en agitar las moléculas de agua de nuestro cuerpo, lo que les permite liberar las toxinas almacenadas. Estas toxinas ocultas no sólo contribuyen al desarrollo de enfermedades degenerativas; los expertos creen que, además, son responsables del envejecimiento. Las ondas lejanas vibran a una frecuencia similar a la del cuerpo humano, y por tanto pueden penetrar en lo más profundo de él. Ello significa que favorecen el sistema microcirculatorio al reactivar y revitalizar las células y los órganos. En consecuencia, los desechos se eliminan mejor y el ritmo metabólico (un indicador de buena salud) aumenta.

Los efectos globales refuerzan el sistema inmunológico y nos hacen sentir con más energía y llenos de vitalidad. Si existiese algún modo de utilizar la radiación de onda infrarroja lejana de nuestro cuerpo podríamos no sólo mantenernos calientes, sino además acelerar la eliminación de toxinas. Esto significaría una salud más equilibrada, y algunos expertos creen que el proceso de envejecimiento se tornaría más lento.

Utilizar el calor de las ondas infrarrojas lejanas

Existe una gama de productos fabricados en Extremo Oriente que utilizan materiales con fibras biocerámicas que pueden reflejar el calor de las ondas infrarrojas lejanas que despide nuestro cuerpo. En la actualidad existen fajas y vendas para articulaciones. También hay productos para la cama que permiten rodearse de ondas beneficiosas y eliminadoras de toxinas mientras dormimos.

Las ondas infrarrojas lejanas también contribuyen al descenso de los niveles de acidez que crean los entornos preferidos por las células enfermas y mutantes. Se empieza a usar materiales con estas ondas en la ropa a fin de crear prendas que supongan una contribución significativa a la salud.

Aunque todavía no se encuentra muy disponible, también existe tecnología para usar materiales que reflejen estas ondas alrededor de la casa, en pinturas, saunas, secadores de pelo y cocinas.

EXTREMO IZQUIERDA El sol es alimento. Muchos habitantes de los países desarrollados pasan el 90 % de su tiempo en lugares cerrados y se pierden las longitudes de onda esenciales que favorecen importantes funciones, incluyendo la producción de hormonas que estimulan los estados de ánimo positivos. Además, el sol es una fuente de inspiración, ya que su energía nos despierta y nos motiva.

Todo lo que nos rodea consiste en energía vibrante, incluyendo nuestras casas. Aunque podemos revitalizar nuestra vivienda redecorándola o limpiando el polvo que se acumula a lo largo del tiempo, hay muchas ocasiones en que se necesita más trabajo para aumentar la energía en nuestras casas. La limpieza física, el hecho de despejar espacios o armonizar la casa son modos de ayudarnos a que nuestro hogar mejore. Puede aprender algunos métodos sencillos para mejorar el ambiente de su casa.

Si alguna vez ha entrado en una estancia en la que acababa de producirse una disputa, tal vez haya sentido que se podía «cortar el aire con un cuchillo». No se ve nada, pero se percibe lo que ha ocurrido porque en el espacio hay un indiscutible ambiente incómodo. Recuerde la diferencia que se siente antes y después de una tormenta. La tensión característica en el aire empieza cuando la tormenta eléctrica se abre paso y llega la lluvia, que lo limpia todo. Este tipo de incomodidad es lo que experimentamos en el ambiente o la energía de nuestras casas. Si no se trata como es debido, puede empezar a absorber nuestra energía y erosionar el bienestar físico y emocional.

Existen algunas técnicas sencillas para cambiar el ambiente de casa y aumentar su energía cambiando las vibraciones.

Cómo puede ayudar la limpieza

Los rituales de limpieza ayudan a elevar la calidad del ambiente doméstico de un modo muy sutil. Es posible experimentar una maravillosa luminosidad después de ponerlos en práctica, como si alguien hubiese hecho que todas las luces resulten más brillantes. Aportan a la casa una vitalidad espiritual que encontrará muy energizante y levantan el ánimo.

Cuando desee introducir cambios en su vida o que ocurra algo determinado, una ceremonia de limpieza y armonización le resultará de gran ayuda. Le permitirá cambiar las vibraciones que suponen un obstáculo y disponer de un espacio más despejado en el que trabajar. Las técnicas resultan muy útiles cuando nos sentimos cansados y estancados, y nos parece imposible avanzar en la vida, como si algo invisible nos aplastase y nos frenase.

Las siguientes páginas destacan las técnicas sencillas que puede emplear para armonizar su casa. No obstante, también puede optar por contratar a profesionales experimentados en la limpieza psíquica de casas, acostumbrados a trabajar con la energía a un nivel más profundo y, por ello, consiguiendo mayores cambios donde se necesitan. Puede armonizar su casa con la frecuencia que desee, y también puede desarrollar ceremonias sencillas para aplicar una vez por semana y así mantener su vivienda fresca y llena de energía.

Recuerde que la energía que fluye con facilidad y libertad por su casa, su cuerpo y su vida constituye la base de la buena salud y el bienestar.

DERECHA El incienso constituye un método muy rápido y sencillo de mover la energía de una estancia. Utilícelo como alternativa a los ambientadores químicos. Experimente con diferentes fragancias según los distintos ambientes.

EXTREMO DERECHA Aunque los ocupantes anteriores se hayan ido, habrán dejado restos de su energía. Armonizar una nueva vivienda significa que el período de adaptación a ella será mucho más corto.

Cuándo armonizar la casa

- *Siempre que desee empezar de nuevo y revitalizar la energía.*
- *Cuando se traslade de una casa vieja y se establezca en una nueva.*
- *Cuando intente vender su casa y atraer a un comprador.*
- *Para mejorar la suerte, atraer más dinero o bien para comenzar una nueva relación de pareja.*
- *Para limpiar cualquier espacio del que desee eliminar las energías negativas de otras personas, tal vez tras una visita o incluso cuando se aloje en la habitación de un hotel.*
- *Después de que alguien enfermo se haya recuperado o si se ha producido una muerte en la familia.*
- *Cuando no consiga motivarse para seguir adelante, o simplemente para animarse.*

WITH CARE
A CHARGE OF £2
Cadogan Tate
Cadogan Tate
Cadogan Tate
Cadogan

Preparación para armonizar la casa

Antes de comenzar, debe tener muy claro qué es lo que desea que ocurra. ¿Por qué cree que es necesario cambiar el ambiente de su casa? Tal vez se trata de una nueva propiedad, o de una vieja de la que desea limpiar las energías de sus anteriores ocupantes. Quizá haya estado enfermo o ha discutido mucho con su pareja y desea limpiar y elevar los niveles de energía.

Establezca contacto con su casa. Relájese completamente (puede hacerlo a través de la meditación) y pida permiso a su casa para activar el proceso. Intente hacerlo la noche anterior y visualizar lo que quiere conseguir. A continuación, prepárese mentalmente, esté tranquilo, «asentado» y centrado en lo que está punto de comenzar. Trabaje en silencio y quítese las joyas o bisutería y los zapatos para

evitar distracciones y ayudarle a desarrollar sus sentidos intuitivos. Sensibilice sus manos frotándolas y sujetando un pomelo imaginario. Aumente su tamaño lentamente hasta el de un melón pequeño; debería sentir una bola de energía en sus manos.

Limpie y ordene la casa, despejándola tanto como le sea posible. (Puede realizar una limpieza de energía sin realizar este paso, pero para crear un movimiento auténtico de energía necesita empezar por la limpieza física.) Cuando haya limpiado hasta el último rincón, incluido el aspirado o fregado de todo el suelo, notará una gran diferencia en el ambiente global. Cada bolsa de basura que saque dará paso a un aumento de energía. Apague todos los aparatos que hagan ruido. Finalmente, abra algunas ventanas para ayudar a mover las energías negativas que desea eliminar.

Pasos sencillos para armonizar la casa

1 *Disponga su equipo. Compre algunas flores (para animar el ambiente) y velas, incienso, sal marina o de grano, aceites de aromaterapia de lavanda o geranio, una campana y otros instrumentos para realizar sonidos rítmicos. Disponga todos estos elementos en una mesa (un altar cubierto con una tela bonita), que será el centro de su trabajo.*

2 *Desplace la energía estancada mediante el sonido. Comience en la puerta y dé palmadas con las manos por los rincones y alrededor de cada estancia; también puede utilizar un tambor para eliminar las vibraciones que hayan quedado estancadas. Si nota algunas zonas muy cargadas, dé palmas o toque el tambor más alto. Mantenga la concentración y diviértase.*

3 *Purifique la energía de cada estancia utilizando el elemento Aire con humo o incienso. Encienda un palito de salvia y déjelo arder en un recipiente que recoja las posibles chispas. Haga circular el humo perfumado en el sentido de las agujas del reloj, en cada habitación, con una pluma en la mano. Como alternativa, encienda un palito de incienso y reparta el humo por las esquinas de la habitación.*

4 *Puede utilizar la vibración sagrada del sonido mediante campanillas que hará sonar por las esquinas de cada estancia. También puede utilizar el elemento Agua rociando la estancia con agua perfumada con unas gotas de aceite de aromaterapia, como romero o lavanda. Durante todo el proceso, realice esta afirmación: «esta casa bendecirá a todo el que viva en ella», o cualquier cosa que le parezca adecuada para renovar el ambiente. Recuerde su deseo o su objetivo.*

5 *Encienda velas en las estancias para aportar la poderosa energía del elemento Fuego. La sal representa el elemento Tierra; se puede colocar en platitos, en el suelo, en las cuatro esquinas de la casa (se dejan durante 24 horas).*

6 *Termine la ceremonia sentándose en silencio, dando gracias a la casa y bendiciéndola por su futuro. Deje arder las velas, pero apáguelas si tiene que salir. Apague el palito de humo y guárdelo para otra ceremonia.*

El color es algo que experimentamos a lo largo de toda la vida, cada día, tanto si estamos en un lugar cerrado como al aire libre. Nos llega en el espectro de luz del sol a modo de energía electromagnética. Dentro de este espectro hay un arco iris de colores, y cada uno de ellos proyecta una vibración distinta.

Aunque vemos los colores con nuestros ojos, la energía del color también se absorbe por la piel y por el campo de energía que rodea nuestro cuerpo (el aura). No sólo nos afecta psicológicamente, sino también fisiológicamente, ya que algunos experimentos han demostrado que las personas invidentes también reaccionan al color.

El color influye en nuestro cuerpo, nuestra mente y nuestras emociones, y con frecuencia tenemos colores favoritos para la ropa y para la decoración de la casa. La psicología del color como ciencia se utiliza a menudo en las industrias de envases y comercio, aunque podríamos mejorar nuestra vida considerablemente si aplicásemos esos conocimientos más a menudo en casa.

El color es el elemento sobre el que tenemos mayor control cuando se trata de diseñar una vivienda. Cuanto mejor lo entienda y explore cómo influye en nuestros estados de ánimo, en las emociones, la salud y el comportamiento, en mayor medida mejorará nuestras vidas. Piense en el ambiente que desea y compruebe qué cualidades posee que le gustaría transmitir mediante el uso del color.

La energía del color

Cuando entienda mejor la energía vibratoria del color, podrá cambiar fácilmente el ambiente de una estancia, de manera que el color realce el ambiente o el objetivo que persigue. Además, le aporta mayor flexibilidad porque significa que puede cambiar el ambiente de una estancia muy rápidamente con sólo repintar las paredes, en lugar de tener que sustituir una alfombra o las cortinas. Por ejemplo, puede hacer que una estancia resulte más acogedora y relajante bajando visualmente un techo alto mediante el uso de un tono oscuro de pintura.

Dado que todos los colores influyen en nuestros pensamientos y en nuestro comportamiento, es importante prestar atención al color de la ropa que utilizamos y a los colores de los que nos rodeamos en casa y en el trabajo. Cualquier color dominante puede ejercer una profunda influencia.

Cómo influye el color en el cuerpo

Cuando la luz de color penetra en el cuerpo, afecta a la principal glándula del sistema endocrino –la pituitaria–, que controla las hormonas liberadas por las glándulas endocrinas. Éstas regulan muchas funciones corporales, incluyendo los niveles de energía, el metabolismo, el apetito, el deseo sexual, el crecimiento y el sueño. La exposición a la luz roja, por ejemplo, estimula el corazón y la circulación y también libera adrenalina, que estimula el apetito y la creatividad. Rodéese de rojos y nunca conseguirá relajarse. El amarillo estimula las ondas cerebrales y puede hacernos sentir mentalmente despiertos y positivos; el azul se relaciona con las glándulas de la garganta y tiroides, y es un color que relaja.

Se puede emplear el color para conseguir el equilibrio físico, mental y emocional. Los azules se encuentran en el extremo más frío del espectro y son más relajantes, mientras que los rojos están en el extremo más cálido y resultan más estimulantes. Estos dos colores influyen en nuestra mente y nuestras emociones de forma subliminal, pero existen colores con los que tenemos una afinidad natural porque resuenan con nuestras propias vibraciones internas. Cuando vaya a elegir colores para su casa, es importante que sean los adecuados para usted. Recuerde, asimismo, que la elección de los colores (tanto en la ropa como en casa) transmite poderosamente quiénes somos y cómo nos sentimos.

Cómo utilizar colores distintos

Elegir los colores para decorar una casa es algo muy personal. Para averiguar qué colores le gustan más, examine, con atención, una carta de colores de pintura o un círculo cromático y observe cuáles le parecen más atractivos. Recuerde que los tonos del mismo color ejercen una influencia distinta en una estancia.

Combinar colores

Un esquema cromático armónico en casa debe incluir tonos cálidos y fríos. Los colores que se encuentran cerca en el círculo cromático y los que se hallan frente a frente combinan bien:

- *El rojo combina bien con el naranja y el púrpura, y complementa al verde.*
- *El naranja combina bien con el rojo y el amarillo, y complementa al azul.*
- *El amarillo combina bien con el naranja y el verde, y complementa al púrpura.*
- *El verde combina bien con el amarillo y el azul, y complementa al rojo.*
- *El azul combina bien con el verde y el púrpura, y complementa al naranja.*
- *El púrpura combina bien con el rojo y el azul, y complementa al amarillo.*

DERECHA El verde de este vestíbulo crea un espacio relajante para los visitantes que entran en la casa, mientras que los cristales de colores añaden un toque animado y positivo.

EXTREMO DERECHA El naranja de este vestíbulo también resulta acogedor e indica que el anfitrión es sociable. Estos colores intensos realzarán la experiencia de cualquiera que entre en estos espacios.

Palabras clave sobre el color

Púrpura/violeta *– majestuoso, noble, artístico, intuitivo, meditativo, místico, espiritual.*

Rojo *– cálido, estimula la actividad, pone a las personas en alerta, amor romántico, pasión, vigor, lleno de vida, agresión, impaciencia, opulencia.*

Rosa *– nutritivo, relajante, sentimientos maternales.*

Naranja *– alegría, valor, felicidad, buena digestión, conversación.*

Amarillo *– atención, mente alerta, levanta el ánimo, vitalidad, reduce la tensión.*

Verde *– curativo, armonía, amor, abundancia, crecimiento, dinero, equilibrio.*

Azul *– frío, tranquilidad, paz, induce al sueño, reflexión, inspiración.*

Marrón *– franqueza, base, estabilidad.*

Blanco *– pureza, inocencia, transparencia, magia, limpieza.*

Negro *– muerte, negatividad, poder, misterio, fuerza, magia, profundidad, depresión.*

Púrpura

El púrpura es un color muy aristocrático y majestuoso. En general, no es un color primario muy utilizado en la decoración de interiores. No obstante, también posee asociaciones espirituales, por lo que si desea desarrollar sus capacidades psíquicas y necesita una estancia o una zona para meditar, un tono de púrpura en las paredes le proporcionará las vibraciones adecuadas. Se trata de un color fuerte que conviene utilizar con mucha medida. La exposición a una exceso de púrpura puede provocar depresión. Utilizado con toques de dorado puede aportar un toque majestuoso a un salón elegante. Los tonos malva crean un ambiente místico.

Rosa

El rosa es un tono de rojo con un poco de blanco, pero en lugar de ser energizante se trata de un color calmante y tranquilizador. Las pruebas llevadas a cabo en el US Naval Correctional Center, en Seattle (1978), con jóvenes problemáticos, demostraron que cuando se les ubicaba en una habitación pintada de rosa se calmaban al cabo de 15 minutos y mantenían ese comportamiento 30 minutos después de haber salido de esa habitación. Las ondas del color rosa hacen que las glándulas liberen hormonas que restringen la liberación de adrenalina, que a su vez reduce el ritmo cardíaco. Así, resulta más difícil reaccionar con rapidez ante el estrés o a una agresión. Los rosas favorecen la delicadeza y se asocian con el amor maternal y nutritivo, en contraste con el amor romántico.

SUPERIOR Si el rosa es el color dominante, la habitación siempre transmitirá sentimientos de paz y calma.

DERECHA El uso del dorado con púrpura hace de este salón una estancia vistosa y espectacular, así como un refugio para reflexionar.

Rojo

El rojo es un color cálido y estimulante que aumenta la presión sanguínea, el ritmo cardíaco y respiratorio, la actividad cerebral y los biorritmos del cuerpo. Este color provoca agitación, de manera que el tiempo parece pasar más despacio en una habitación roja. Es un tono físico, el color del fuego y la sangre, símbolos de poder, dinamismo y fuerza vital.

Es un color muy apasionado. Dado que se sabe que el rojo incrementa la producción de adrenalina, es preciso restringir su uso para evitar que el nerviosismo se convierta en agresividad.

El rojo también se asocia con el valor, las actitudes positivas y el deseo. Utilícelo con precaución en casa. Un toque de rojo resulta más efectivo que pintar toda una pared de este color, ya que a algunas personas les resultaría incómodo vivir rodeadas de ese color. Todos reaccionamos al color de forma distinta, por lo que una persona callada e introvertida podría perder el equilibrio con el uso del rojo, mientras que otra aprovecharía su estimulación. Cuando se utiliza en cromoterapia, el rojo resulta especialmente útil para aliviar la rigidez muscular y de las articulaciones, y también contribuye a revitalizar la mala circulación.

Se sabe que el rojo, el naranja y el amarillo irritan más que el azul, el verde y el violeta.

SUPERIOR Los accesorios rojos aportan energía a este salón y realzan los otros colores claros, lo que da lugar a una vitalidad que levanta el ánimo.

DERECHA Las paredes rosa oscuro y rojas de este vestíbulo crean un espacio impresionante y espectacular que invita a pasar de largo más que a quedarse en él.

Azul

El azul es un color frío que ejerce el efecto opuesto al rojo. La exposición al azul puede liberar once hormonas relajantes en el cuerpo. Puede tranquilizarnos cuando nos sentimos estresados, pero si se utiliza demasiado nunca se logrará motivación. El tiempo parece pasar con mayor rapidez en un ambiente azul o verde, ya que nos sentimos más relajados. Algunas personas incluso pueden ponerse tristes en un entorno con demasiado azul.

El azul favorece la pasividad y resulta extremadamente inductor del sueño. Las investigaciones han demostrado que las pastillas placebo de color azul tienen más poder sedante que las rosas. Este factor podría hacer del azul un color adecuado para el dormitorio de una persona aquejada de insomnio, pero resultaría demasiado frío como color general para el dormitorio de la mayoría de personas.

Dado que el color influye en nuestra percepción de la temperatura, podemos sentir más calor en una estancia roja y más frío en una azul. Las preferencias de color cambian con las estaciones, de manera que las personas tienden a preferir los azules cuando las temperaturas son elevadas. Pinte de azul un invernadero al sol y el ambiente parecerá más fresco.

El azul se asocia con agua, contemplación, comunicación e inteligencia (es un color tranquilo y reflexivo). Si desea aportar alguna de estas cualidades a una estancia, introduzca tonos de azul en flores, lámparas, obras de arte y telas.

El color también afecta a los niños: los tonos intensos activos les favorecen y estimulan en las zonas de juego. Los bebés observan durante más tiempo los colores más intensos, de modo que éstos no son adecuados cuando se desea que el niño se tranquilice y duerma. Las cualidades relajantes del azul lo hacen ideal para los dormitorios de los niños, ya sea en las paredes o en la cama (el efecto del color no depende de que se vea).

Consejos sobre el color

- *Los colores fuertes pueden reducir visualmente el tamaño de una estancia, por lo que si desea conseguir el efecto contrario, elija tonos claros.*
- *Los colores de fondo deben ser monocromos y neutros. Los toques de color deben provenir de los accesorios, las pinturas y las telas. Los colores intensos tienen más efecto contra un fondo neutro.*
- *Las habitaciones con poca luz natural necesitan colores claros que realcen el contenido de la estancia. La luz natural es un elemento importante, ya que contiene todos los colores del espectro. Los colores claros reflejan mayor cantidad de luz solar.*
- *Los colores oscuros reflejan menos luz, así que conviene reservarlos para estancias destinadas a cenar o rincones para relajarse. Ilumine la zona con bombillas y lámparas que den una luz suave.*

DERECHA Este salón sería ideal para un habitante de una ciudad porque tanto el color como las hojas auténticas de la pared proporcionan un ambiente reconstituyente y una fuerte conexión con el mundo natural. El verde representa un buen antídoto contra la fatiga.

IZQUIERDA El espectacular azul utilizado en esta pared crea un ambiente frío y tranquilo en el vestíbulo. El tono azul más claro favorece la eficacia y el orden, lo que ayuda a mantener el espacio ordenado y despejado.

Verde

El verde es el color del equilibrio, ya que se encuentra en el centro del arco iris. Crea armonía, estabilidad y un ambiente curativo, y también se asocia con la claridad, la comprensión y los aspectos del corazón, sobre todo el amor incondicional y desinteresado. Es el color de la naturaleza y se puede utilizar con fines terapéuticos en la casa para aportar sensación de espacio abierto. También es importante tener plantas verdes en casa, ya que nos ayudan a conectar con el mundo natural. El efecto calmante del verde nos ayuda a tolerar un ambiente muy ruidoso. Es tradicional que los estudios de televisión y los teatros tengan una «habitación verde» en la que sus artistas se relajan antes de actuar, ya que la vibración del verde elimina el nerviosismo.

Comer alimentos verdes favorece la eliminación de toxinas del cuerpo y aumenta la resistencia física. El verde también constituye una importante ayuda en la curación física y equilibra la psiqué en las enfermedades mentales. Un entorno verde alivia la fatiga y actúa como tónico para todo el cuerpo. Se trata de un color tranquilizador y seguro para cualquier estancia de la casa. Es el más equilibrante de todos los colores, e incluso aunque no se use en el esquema decorativo o en las telas se puede introducir simplemente con plantas.

El verde se asocia con el crecimiento y el dinero; es un buen color para el trabajo, pero debe combinarse siempre con otros tonos para evitar que las personas que se rodeen de él acaben demasiado relajadas.

Naranja

El naranja es el color de la acción y el optimismo. Es alegre, afectuoso y tolerante, y se asocia con el buen humor y la amistad. Las personas que gustan de llevar prendas naranjas disfrutan siendo el centro de atención. Es un color que ayuda a romper barreras y estimula la energía de un modo más sutil que el rojo. Da fuerzas para enfrentarse a las adversidades.

Los tonos cálidos de naranja pueden ser ideales como esquema cromático para un comedor, donde realzarán el placer de las comidas en compañía debido a su capacidad para estimular la conversación y favorecer la digestión. Por otro lado, los efectos del rojo pueden ser demasiado intensos, sobre todo para las comidas diarias.

Cada color ejerce influencias fisiológicas distintas en el cuerpo. El azul y el rojo producen los efectos más fuertes. El naranja favorece la alegría y aumenta los niveles de motivación de los trabajadores si se utiliza en la zona por donde el personal accede al trabajo. Coloque un plato redondo con naranjas en el centro de un grupo y observe cómo se anima la conversación, pero sin ser agresiva (como podría ocurrir con el rojo).

Los cromoterapeutas utilizan los colores para curar. Recomiendan llevar ropa interior naranja en la zona que cubre el estómago si la digestión es lenta o difícil.

IZQUIERDA Las personas nos sentimos bien cuando nos ilumina la luz del sol o el color que la representa. Dado que también fomenta la claridad mental, este color sería adecuado como fondo en una habitación de trabajo en la que se desee sentir alegría y motivación.

Amarillo

El amarillo es un color intelectual que representa la sabiduría y la tolerancia. Si desea estimular sus capacidades mentales y escribir o hablar mucho mejor, lleve prendas amarillas y adorne su casa con algunas flores de este color, o bien utilícelo en el lugar destinado al estudio.

El amarillo ayuda a centrar la atención y favorece el desarrollo de nuevas ideas. Es el color más cercano al sol, optimista, alegre y que levanta el ánimo. Se trata de un tono ideal para combinar con otros colores o para conseguir contraste. En cuanto a sus usos en cromoterapia, el amarillo puede ejercer un gran impacto en nuestro equilibrio mental y en nuestro bienestar físico. Aumenta los reflejos y reduce las dudas, algo muy importante para los hombres que conducen los botes salvavidas con sus impermeables de un amarillo intenso.

El amarillo nos hace sentir bien, sobre todo si tenemos en cuenta que la mayoría de nosotros pasamos el 90 % de nuestro tiempo en lugares cerrados. Utilizar el amarillo en casa favorece la autoconfianza y los buenos sentimientos, y reduce la probabilidad de sufrir trastornos.

Una habitación decorada con amarillo y girasoles alivia de la depresión. Los tonos de amarillo para los muebles y las paredes deben elegirse cuidadosamente, y pueden llegar a resultar excesivamente estimulantes para algunos dormitorios. Utilice este color siempre que desee llevar la energía del sol a una zona o un rincón. El amarillo ayuda a deshacerse de las toxinas y de los pensamientos negativos.

SUPERIOR IZQUIERDA El naranja intenso y alegre utilizado en esta cocina sugiere una casa feliz y segura, y siempre resulta acogedor para los invitados.

SUPERIOR DERECHA El naranja favorece el movimiento, por lo que se trata de un color especialmente adecuado para un vestíbulo.

Marrón

El marrón simboliza el color de la tierra y transmite protección y arraigo. En las habitaciones situadas sobre un garaje o en los pisos muy altos se puede utilizar una alfombra marrón para ayudar a sus ocupantes a sentirse más conectados con la tierra.

Existen numerosos tonos de marrón, y los que incluyen matices más rojizos poseen más calidez y vitalidad. Es importante evitar los tonos demasiado oscuros y sucios, ya que ejercen un efecto negativo.

El uso del marrón puede hacer que una casa o una habitación recién decorada parezca mucho más establecida, ya que se relaciona con las raíces y la profundidad. Aporta mucha seguridad y una sensación de paso del tiempo. No obstante, las zonas extensas de marrón pueden resultar muy pesadas y provocar introversión o depresión.

El marrón es el color más conectado con el otoño, cuando caen las hojas y un ciclo de la naturaleza llega a su fin mientras se prepara para el comienzo de uno nuevo. Los tonos del otoño pueden incluir matices marrones muy atractivos, desde el tostado al café. El marrón no es un color primario del arco iris, y la mayoría de los tonos no se reflejan. Absorben la luz, pero los tonos rojos presentes en el color ofrecen sobre todo calidez y una sensación de comodidad tranquilizadora, aunque carecen de la vitalidad del rojo propiamente dicho. El marrón es un color que conviene utilizar con precaución y en pequeñas dosis.

Este color posee asociaciones con «aferrarse» a algo, lo que puede resultar poco sano, sobre todo si se relaciona con el pasado. No obstante, se trata de un color asentado que puede resultar útil en una estancia donde se desee reforzar la sensación de conexión.

Beige y crudo

El beige y el crudo son colores neutros que, en general, recuerdan al invierno. Cuando se utilizan por sí solos en la casa crean un ambiente muy frío, lo que puede resultar útil cuando la temperatura exterior sea muy elevada.

Sin embargo, si el ambiente es frío, estos tonos pueden parecer helados e incómodos, a menos que se «calienten» combinándolos con otros tonos. Algunas fábricas utilizan el beige y el azul claro para favorecer el orden.

El crema claro y el crudo son cada vez más populares, sobre todo porque combinan muy bien con materiales naturales como la madera, el mimbre y la piedra. El beige siempre resulta cómodo a la vista, muy confortable para vivir y una elección ideal para crear un espacio minimalista o una estancia que represente un fondo agradable y relajante a una vida llena de estrés.

IZQUIERDA El uso del marrón en una habitación nueva o recién decorada puede conseguir que parezca que no es tan nueva. Esta estancia posee un ambiente tranquilizador y podría incrementar la sensación de estabilidad. Si se utiliza mucho marrón oscuro, conviene contar con luz natural para equilibrarlo.

DERECHA Los colores de esta habitación crean un entorno tranquilo en el que los sentidos no se sienten bombardeados.

Blanco

El blanco en sí no es un color, ya que funde todos los colores del arco iris y refleja la luz natural. Es el color de la pureza en la mayoría de las culturas y ofrece protección, como la bandera blanca de un negociador de paz. Como color para paredes puede dar lugar a un ambiente muy duro, aunque es capaz de conseguir que una estancia parezca más grande y los techos más altos.

El blanco da buenos resultados si se utiliza simplemente como fondo neutro para colores más intensos elegidos para las telas, los accesorios o los cuadros. Esta combinación hará que el efecto severo del blanco pierda fuerza. Se puede añadir calor a su sencillez convirtiéndolo en un beige o un tono hueso. El blanco por sí solo puede resultar desagradable y estéril, pero es capaz de aumentar nuestra percepción del espacio, ya que pasamos mucho tiempo en lugares cerrados. Utilícelo como color base y después añada otros tonos.

Puede cambiar el ambiente de una estancia según la estación del año decorando las habitaciones blancas o claras con tapices de colores, cortinas, cojines, telas y cuadros que reflejen los tonos de los ciclos de la naturaleza. Introduzca amarillos y verdes muy intensos en primavera; rosas/terracotas y azules en verano; tonos de tierra en otoño y rojos cálidos durante el invierno a fin de elevar la temperatura.

Negro

El negro no es realmente un color. Se asocia con la muerte y los funerales, y posee connotaciones negativas en la mayoría de culturas, pero también sugiere misterio y lo desconocido. La oscuridad de este color puede llegar a asustar o apuntar a un viaje interior de descubrimiento. El negro es más efectivo cuando se utiliza como toque de color en un esquema decorativo con colores intensos, pero el exceso de negro hace que una estancia parezca más

pequeña e induce a la pérdida de esperanza y la depresión.

En la actualidad, muchas personas carecen de equilibrio emocional y se sienten inseguras sobre el modo de proyectar sus verdaderos sentimientos. Ésta podría ser la razón del aumento del negro como color básico de la ropa en los ambientes urbanos. Se ha convertido en una especie de uniforme e indica una desconexión de nuestro verdadero yo.

SUPERIOR El blanco en un dormitorio crea un ambiente relajado. Añada un amarillo cálido para restarle algo de frialdad.

DERECHA Un único color, sobre todo uno vistoso como el negro, puede ejercer un efecto dominante y profundo en un espacio. Un fondo blanco intensificará visualmente cualquier otro color que se utilice.

TRES

Habitaciones sanas

En esta sección reunimos muchos de los principios ya mencionados con objeto de proporcionarle algunos consejos prácticos para crear ambientes sanos. No se trata tanto de redistribuir los espacios como de una actitud mental que influirá en sus decisiones sobre lo que elige para su casa. Muchos de los temas que hemos tratado y que ejercen la mayor influencia sobre nosotros son invisibles y apenas se tienen en cuenta.

EL SALÓN: UN LUGAR PARA RELAJARSE EN COMPAÑIA

El salón es un lugar de reunión en la casa, por lo que todos los miembros de la familia deben encontrarlo agradable y cómodo. La estancia debe ser lo suficientemente espaciosa para que todos se puedan acomodar sin sentirse apretados. Debe contar con asientos que inviten a ocuparlos, lo opuesto a tener un sillón especial por el que todos se peleen. Evite los asientos que ofrezcan buen aspecto pero que en realidad no sean cómodos para permanecer sentado mucho tiempo. La televisión atraerá a los miembros de la familia en la habitación, ya que sus sonidos eléctricos y su actividad artificial llaman la atención de las personas de forma natural (no obstante, existen otros métodos para reunir a la familia). Busque el modo de conseguir la iluminación adecuada, sobre todo por la noche, para que el espacio esté iluminado pero sin llegar al exceso de claridad. Una chimenea supone una vista acogedora, y la música de fondo puede aportar ambiente. La presencia de una mascota crea un entorno hogareño.

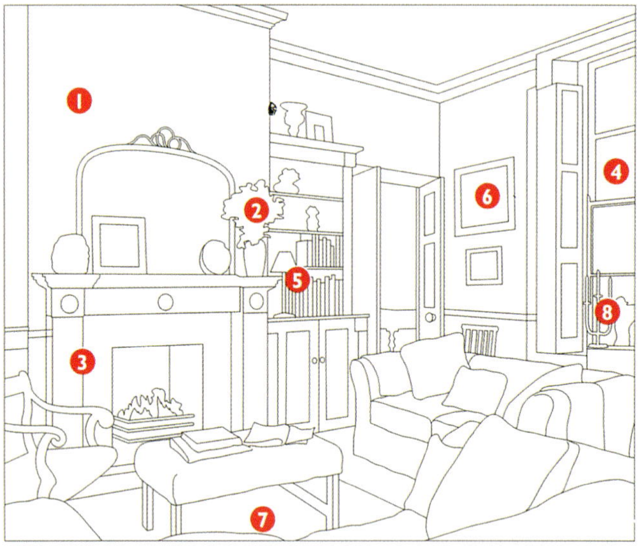

CLAVE

uno Las paredes blancas y los tonos crema y marrones proporcionan un fondo neutro, que aporta una calidad relajante y tranquila a la estancia. El ambiente se puede adaptar sustituyendo los cojines y las mantas por otros de colores más intensos, como melocotón, naranja y rojo.

dos Disponga siempre de objetos pertenecientes al mundo natural, como plantas y flores, en los espacios cerrados. En el caso de las flores, mantenga el agua limpia porque la energía estancada del agua sucia resulta extremadamente perjudicial.

tres En el salón, el punto focal siempre es la chimenea. Un fuego auténtico de troncos o carbón resulta terapéutico y bueno para la circulación del aire, y el calor que genera es más sano que el de la calefacción central. Durante las épocas en que la chimenea no se utiliza, se pueden colocar flores rojas y plantas en la repisa. Intente evitar que la televisión sea el punto focal. Ocúltela cuando no esté en funcionamiento.

cuatro Abra las cortinas o las contraventanas para permitir el paso de luz natural, incluso cuando no utilice la habitación, porque así se estimula la energía del salón. Intente sentarse en el lugar que reciba la mayor cantidad de luz, ya que su cuerpo se beneficiará de su poder nutritivo.

cinco Busque el equilibrio entre las diferentes iluminaciones de la casa. Además de un aparato de iluminación central, las lámparas más pequeñas y bajas resultan útiles para trabajar de cerca, como la lectura, pero además crean un ambiente más relajado.

seis Si en su salón de casa tiene un cuadro grande que ocupa una posición destacada, que sea una imagen que refleje algo con lo que disfruta o un aspecto de la vida que desea llevar.

siete La elección más sana en los países más fríos para el suelo es el parqué cubierto con alfombras. Estos materiales naturales son beneficiosos para las personas con problemas respiratorios y alergias. El suelo de barro cocido es el ideal para los países más cálidos.

ocho Las velas ofrecen un modo sencillo de cambiar el ambiente, especial y tranquilo, al final del día.

SICKERT
JACK YEATS

SONY

IZQUIERDA Este salón cuenta con un buen tipo de pavimento, sobre todo si algún miembro de la familia sufre problemas respiratorios, como asma. Los suelos de madera se limpian fácilmente y acumulan mucho menos polvo que la moqueta. Para mayor comodidad, puede cubrir el suelo con alfombras de algodón o lana que no se hayan tratado con pesticidas. El ficus junto a la ventana es una de las diez plantas de interior eficaces en la eliminación de formaldehídos. Esta dañina sustancia química se encuentra no sólo en la madera aglomerada y el contrachapado utilizados para fabricar muebles, sino también en las bases de las alfombras, en adhesivos y en productos tan cotidianos como los pañuelos de papel. El cacto junto a la chimenea es virtualmente indestructible, lo que facilita su cuidado. Un par de plantas en el salón supone un buen comienzo, pero es preferible tener más.

SUPERIOR IZQUIERDA Tenga la precaución de no acumular demasiados objetos en una estancia en la que desee relajarse. El salón podría ser el lugar ideal (aunque no el único) para guardar su preciada colección de libros, pero es importante revisar las estanterías de vez en cuando para comprobar si puede regalar algunos libros o guardarlos en otro lugar. Ello le ayudará a mantener la energía de la estancia en movimiento y evitará que se estanque. Sería una buena idea utilizar una habitación oscura, como la de la imagen, por la noche, y pasar el resto del tiempo en una habitación más iluminada que le permita disfrutar de la luz natural.

SUPERIOR Este ambiente frío, sin estrés, resultaría adecuado para alguien con un trabajo estresante. La madera natural y el algodón de los sillones, así como los colores neutros del suelo y las paredes, se suman a la sencillez de la estancia. Puede introducir tonos más vibrantes que se adapten a su estado de ánimo o a la estación (el amarillo, por ejemplo, alegrará al instante un espacio). Si dispone de iluminación cerca de uno de los sillones, como en este salón, es importante no utilizar bombillas de bajo consumo, que emiten elevadas radiaciones electromagnéticas.

LA COCINA: EL CORAZÓN DE LA CASA

En su libro de cocina titulado *The Changing Seasons*, la experta en salud Aveline Kushi afirma que «nuestra capacidad de pensar y actuar es un reflejo de nuestro estado de salud física y mental, que tiene su base en los alimentos que cocinamos y comemos. Dominar el arte de la cocina [...] es dominar el arte de la vida, porque la grandeza y el destino de todas las personas se reflejan y están limitados por la calidad de su alimentación diaria». La cocina no sólo es el corazón de la casa; también es el lugar en el que podemos ejercer el mayor impacto en nuestra salud a través de lo que comemos y cómo lo preparamos. La calidad de la energía que rodea la comida influye en ella, por lo que el ambiente de la cocina debe ser tranquilo pero suficientemente inspirador para incitarle a cocinar. Se requiere un cierto nivel de compromiso con la salud para realizar el esfuerzo de planificar con antelación y así poder preparar ingredientes frescos, pero una cocina iluminada sin caer en el exceso y ordenada siempre será un entorno acogedor y cómodo en el que cocinar.

CLAVE

uno Es importante contar con una buena iluminación. Las lámparas con bombillas incandescentes son adecuadas, al igual que los fluorescentes, siempre que sean de amplio espectro. Las zonas para trabajar con cuchillos afilados necesitan la iluminación más intensa.

dos Una buena fuente de luz natural complementa la artificial y hace que la estancia resulte luminosa y acogedora durante todo el día.

tres Los materiales naturales, como la madera del suelo y los muebles, las superficies de mármol y los recipientes de mimbre, crean un ambiente relajante en oposición a las superficies muy brillantes, metálicas y laminadas.

cuatro La isla central hace que esta cocina resulte más sociable y permite que varios miembros de la familia participen en la preparación de las comidas. Evite el uso de bordes y rincones muy marcados (en este caso las esquinas son redondeadas, lo que facilita el movimiento), sobre todo junto a la cocina, donde la persona que prepare la comida pasará mayor parte tiempo.

cinco Mantenga la cocina limpia y ordenada en todo momento, así estará lista para la preparación de la siguiente comida. Los suelos de madera son los más adecuados, ya que resultan cómodos y son fáciles de limpiar.

seis Un reloj grande y sencillo actúa como punto focal en la estancia y resulta útil para calcular el tiempo de cocción. El hecho de ser consciente del tiempo nos ayuda a asegurarnos de que las comidas sean regulares, algo que nuestros cuerpos agradecen.

siete Las puertas de cristal permiten ver lo que hay dentro de cada armario y tenerlo todo a mano. Examine los armarios con cierta frecuencia y tire todo lo que esté caducado. Guarde sólo las cosas que utiliza con frecuencia en la cocina y traslade las piezas para «ocasiones especiales» a otra parte de la casa, si es posible.

ocho Las flores frescas o las plantas proporcionan un nexo con el mundo exterior y aportan belleza a un espacio en el que el centro es la salud.

nueve Utilice alternativas naturales a los productos de limpieza químicos. Limpie las superficies con agua caliente y unas gotas de aceite de árbol de té.

IZQUIERDA Es muy recomendable disponer de una mesa para comer en la cocina, ya que tomar los alimentos ante el televisor no es lo ideal. Si ve las noticias mientras come, absorberá la negatividad de las malas noticias mientras digiere la comida. Crear un entorno sociable para comer, en cambio, le permitirá aprovechar al máximo el carácter nutritivo de su comida. Recomiendo encarecidamente cocinar con gas en lugar de hacerlo con microondas o con un horno eléctrico. Sea cual sea el método que utilice, ponga en marcha el extractor cuando cocine para eliminar los subproductos. Los tonos azules son tranquilos y fríos, de manera que este esquema cromático proporcionará un ambiente propicio a aquellos cuyo estilo de vida sea estresante. Para otras personas tal vez no sea suficientemente acogedor para motivarles a cocinar. Compruebe la energía de cada color (*véanse* págs. 112-113) cuando elija su esquema.

SUPERIOR Esta cocina es el centro de la casa, el lugar donde la familia se puede reunir. Se trata de una estancia muy social, ya que sirve para sentarse y relajarse o para ayudar en la preparación de las comidas. Resulta buena idea tener productos frescos a la vista en lugar de armarios llenos de latas y paquetes. Los cuencos con verduras y frutas frescas y los tarros de judías y pasta crean un ambiente de abundancia, lo que anima a preparar alimentos frescos. Esta cocina parece cálida y acogedora debido a la luz natural, a las curvas del diseño de los armarios, las sillas y las patas de las mesas, y al suelo rojo y blanco. Hay focos adicionales sobre las superficies de trabajo. Pocas cocinas tienen espacio para más de un cubo de basura, así que intente organizar un sistema de recogida selectiva en un trastero para poder reciclar papel, latas, botellas y desechos orgánicos por separado.

EL COMEDOR: UN LUGAR PARA NUTRIR A LA FAMILIA

Una estancia destinada principalmente a comedor puede representar una gran diferencia para su salud, ya que favorece el acto de comer juntos en un entorno adecuado. Las personas reciben nutrición no sólo de los alimentos que toman, sino también de la compañía que comparten. También resulta útil para los niños, como zona de entrenamiento para aprender las reglas básicas de la mesa. Los horarios actuales de las familias implican que ya no es posible compartir todas las comidas, pero se debe intentar celebrar al menos una al día con todos los miembros de la familia. Si alguno es mayor o tiene su propia rutina que impide comer juntos una vez al día, intenten hacerlo una vez a la semana. El comedor debe ser un lugar relajante, con el mínimo de molestias e interferencias de la televisión y el trabajo. Cada comida debe considerarse un momento especial del día, y disfrutar y apreciar los alimentos reconociendo el esfuerzo que supone prepararlos. Aquí también se puede hablar, compartir y disfrutar de lo sucedido durante el día.

CLAVE

uno Cree un entorno luminoso y alegre en el que disfrutar de la comida. Una mesa bien puesta en este comedor iluminado con luz natural ayuda a garantizar una experiencia positiva. Mantenga bajo el nivel de iluminación artificial, pero lo suficiente para poder ver lo que se come.

dos Las velas y las flores frescas siempre ayudan a hacer especial cualquier comida. Recuerde que puede cambiar fácilmente el ambiente mediante el color. El rojo y el naranja son colores cálidos y alegres que estimulan la conversación. Puede introducirlos en las velas o en las telas, como también en el mantel.

tres Un lugar para comer en familia cada día, que siempre se utiliza para comer y no como escritorio, favorece una actitud sana hacia la comida y el acto de comer.

cuatro Elija una mesa de proporciones generosas o que se abra fácilmente para alojar a más personas; así podrá invitar a comer a sus amigos. Los intercambios sociales que se producen en las comidas son importantes para construir relaciones sanas, y compartir la comida con otras personas profundiza nuestra conexión con ellas. Para la mesa es preferible la madera al cristal, ya que el hecho de ver a través de la superficie distrae la atención y puede provocar una sensación incómoda.

cinco Disponer cuencos de fruta fresca, frutos secos o verduras crudas preparadas para consumir facilita el hecho de «picar» sano entre comidas y prescindir de dulces o alimentos procesados con un notable exceso de sal.

seis La madera natural elegida para el suelo y la mesa ayuda a crear un ambiente relajado.

siete Tómese un momento para expresar gratitud por la comida que tiene delante. Incluso si no se siente inclinado a bendecir la mesa, un sencillo ritual consistente en encender una vela y tener un momento de silencio ayuda a relajar y preparar el cuerpo. Dé siempre las gracias a la persona que ha cocinado. Resulta aconsejable comer más o menos a la misma hora cada día, ya que el cuerpo se acostumbrará y comenzará a prepararse con antelación. Puede resultar muy estresante no saber a qué hora se va a comer o cenar cada día.

LA OFICINA EN CASA: UN ENTORNO CREATIVO E INSPIRADOR

Cada vez más personas deciden trabajar desde casa, tener la libertad de trabajar para uno mismo, disfrutar de la flexibilidad que supone o pasar más tiempo con los hijos. El ambiente de trabajo y la cantidad de espacio varían en función del tipo de trabajo. Algunas personas sólo necesitarán una mesa, un teléfono y una estantería, mientras que otras deberán disponer de una auténtica oficina con ordenador, impresora, escáner e incluso biblioteca. Aunque se puede ahorrar mucho trabajando desde casa, es preciso prepararse para el impacto que este cambio de estilo de vida puede tener en la familia. Después de todo, su casa es su refugio que nada tiene que ver con el trabajo. El primer punto a tener en cuenta es la ubicación. Lo ideal es un edificio separado en el jardín o en una extensión. Si esto es imposible, intente ocupar una habitación cerca de la puerta principal si va a recibir visitas con frecuencia, o bien un lugar que resulte favorable al tipo de trabajo que va a desempeñar, con buena luz natural y a cierta distancia de su dormitorio.

CLAVE

uno Los monitores de ordenador irradian emisiones dañinas, por lo que es importante instalar un dispositivo protector. Éste tiene bolas Bioshield. Cualquier persona que se siente delante no sólo estará protegida de las emisiones, sino que además se sentirá menos cansado después de trabajar un rato ante el ordenador.

dos Los materiales naturales crean un ambiente más relajante y con menos estrés que los artificiales. Siempre que sea posible, elija mimbre en lugar de PVC o plástico.

tres La madera clara resulta cómoda a la vista, de modo que es un buen material para un escritorio (al ojo le cuesta más ajustarse al blanco y al negro). La mayoría de los escritorios se organizan en forma de «L», de manera que se puedan diferenciar dos espacios, uno para el ordenador y otro para la zona de trabajo. La curva de este escritorio resulta mucho más cómoda que el ángulo recto resultante de la unión de los dos elementos en forma de «L».

cuatro La silla debe tener el respaldo alto para ofrecer apoyo.

cinco Mantenga el escritorio ordenado: el desorden es estresante. Sea selectivo con los papeles que decide quedarse y los que tira.

seis La lámpara de cristal de sal contribuye a crear más iones negativos en el ambiente. Y ello sirve para contrarrestar el ambiente opresivo provocado por los iones positivos de los campos electromagnéticos.

siete Las plantas constituyen una parte esencial de un ambiente cerrado. Aparte de ayudarnos a recuperar la conexión con el mundo natural, resultan especialmente útiles para reequilibrar el ambiente de una oficina. Tanto el clorofito como el espatifito se encuentran en la lista de la NASA sobre plantas que eliminan los contaminantes de los ambientes domésticos. El espatifito es excelente para eliminar la acetona, el formaldehído y el benceno. Ponga varias plantas cerca de la impresora, el fax y la fotocopiadora.

ocho El estrés físico provocado por la presión del techo inclinado se puede mitigar iluminando esa pared. En este caso, dos focos «elevan» la pared. El uso de bombillas de luz natural consigue que resulte menos cansado a la vista.

IZQUIERDA Evite sentarse debajo de vigas cuando trabaje durante mucho rato, ya que provocan una presión innecesaria en el cuerpo. La madera natural para el escritorio y el suelo es una buena elección, ya que ayuda a mitigar el estrés mediante la reducción de los niveles de polvo y la electricidad estática. Una de las principales fuentes de enfermedades en los edificios de oficinas es la mala calidad del aire. Las toxinas de aparatos como fotocopiadoras e impresoras impregnan el polvo presente en el aire, que se carga con radiaciones electromagnéticas procedentes de los ordenadores y otros aparatos eléctricos y dificulta la respiración. Cuando organice una oficina en casa, asegúrese de ventilar bien el espacio y mantener las ventanas abiertas. Si su trabajo le exige hablar por teléfono, invierta en un dispositivo de manos libres y así evitará doblar el cuello para sujetar el teléfono. El hecho de sujetar así el aparato mucho tiempo puede provocar inflamación en los tendones y problemas de espalda. Si realmente va a disfrutar de la libertad que supone trabajar en casa, ponga música clásica suave de fondo. Se ha descubierto que la música barroca resulta especialmente efectiva para sincronizar las dos esferas del cerebro, lo que favorece la creatividad y la relajación.

SUPERIOR IZQUIERDA Su trabajo no debe interferir demasiado en la vida familiar. Los ordenadores cada vez son más pequeños, y también hay muebles especiales que permiten ocultar el teclado cuando no se utiliza. Cuando se trabaja en casa se dispone de mayor libertad para crear un entorno inspirador imposible de conseguir en una oficina de empresa. Rodéese de naturaleza, flores e imágenes que le inspiren.

SUPERIOR Esta unidad de almacenamiento es perfecta para ocultar todo el equipo relacionado con el trabajo. Resulta útil si su oficina tiene otra función en la casa, como salón o comedor. Ocultar la zona de trabajo también representa otro modo práctico de poner límites al trabajo y recordar, tanto a sí mismo como a los demás, que la jornada laboral ha terminado y ya «está en casa». Elija siempre una silla de oficina en lugar de una de comedor, ya que están diseñadas para prestar a la espalda el máximo apoyo.

EL DORMITORIO: UN REFUGIO PERSONAL

Ésta es una de las habitaciones más importantes. Un lugar en el que pasamos alrededor de un tercio de nuestra vida, un entorno que debe favorecer el sueño profundo y reparador. Elija colores neutros, como el blanco o el crema, o bien tonos suaves de rosa, verde y azul para crear un ambiente relajado. Mantenga la habitación lo más despejada posible para que resulte un refugio tranquilo, y si el dormitorio se utiliza durante el día, cubra toda señal de actividad con biombos por la noche. También puede cambiar el nivel de iluminación por la noche o utilizar aceites de aromaterapia o música para recordarse a sí mismo que la jornada laboral ha terminado. Asegúrese de que no haya nada que pueda hacer ruido por la noche, lo que afectaría a la calidad del sueño. Sobre todo, tenga en cuenta las sustancias químicas que pueden existir a su alrededor (ambientadores o limpiacristales). Infórmese sobre los materiales para ropa de cama que evitan los ácaros, ya que su presencia crea toxinas que agravan las alergias, los problemas respiratorios y las irritaciones de la piel.

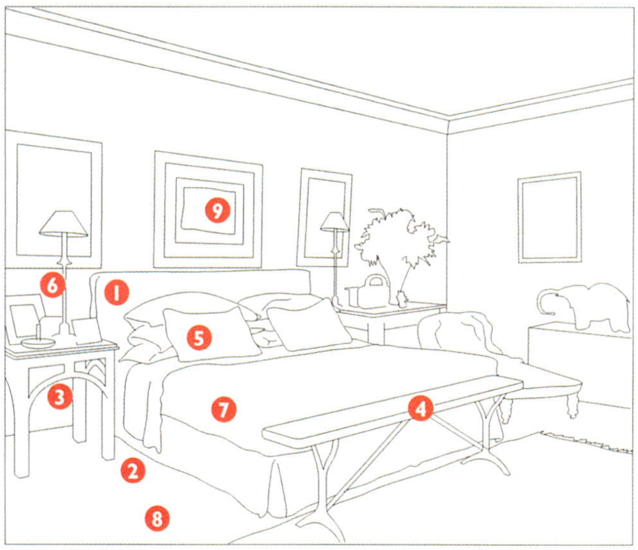

CLAVE

uno Invierta en una buena cabecera y sitúe la cama contra una pared sólida para disfrutar de la máxima protección. Asegúrese de que la cama ofrece una visión perfecta de la puerta.

dos Compruebe si existen líneas de tensión geopática en su dormitorio mediante la radiestesia (*véanse* págs. 63-64). Estas líneas son perjudiciales si se duerme sobre ellas. Desplace la cama para evitarlas y contrate a un profesional para que elimine las energías negativas o adquiera el equipo necesario para armonizarlas.

tres Cree un ambiente de equilibrio para los ocupantes de una cama doble colocando mesitas a ambos lados o armarios y lámparas.

cuatro Una estructura para la cama, una cómoda o un mueble adecuado (como este banco) contribuyen a contener la energía de los ocupantes de la cama.

cinco Intente elegir telas de algodón y lino sin tratar para la ropa de cama. Las fibras artificiales amplifican los campos electromagnéticos, y la mezcla de poliéster y algodón emite formaldehídos durante años (*véanse* págs. 56-60).

seis Compruebe los campos electromagnéticos alrededor de la cama con un medidor (*véase* pág. 61). Evite el uso de radiodespertadores que permanezcan en marcha toda la noche, ya que pueden interferir la delicada actividad electromagnética del cerebro. Asimismo, compruebe el campo de los cables eléctricos que haya en la pared detrás de la cama.

siete La calidad del colchón influye en la calidad del sueño. Cambie su colchón al menos cada siete años y siempre que empiece una relación seria. Contemple la posibilidad de las nuevas almohadillas magnéticas que favorecen un nivel muy profundo de sueño.

ocho Las alfombras suaves de fibras naturales sobre suelos de madera suponen la mejor opción para un dormitorio. Reduzca la influencia del mundo exterior y no lleve zapatos en esta habitación.

nueve Para las paredes elija imágenes inspiradoras y con un significado personal para usted.

diez Abra las ventanas cada día para ventilar la habitación. Coloque plantas para disfrutar de una purificación natural (*véanse* págs. 96-98).

SUPERIOR Disponga las cortinas de forma que permitan el paso de luz natural por la mañana. El despertarse con luz tamizada favorece el reloj biológico y ayuda a que el despertar sea de forma natural en lugar del sobresalto que provoca una alarma en una habitación totalmente a oscuras. En un mundo ideal, utilizaríamos un dormitorio pequeño para dormir y una habitación separada como vestidor en el que guardar la ropa, ya que así se mantendrían alejadas las vibraciones del mundo exterior del espacio destinado al descanso nocturno. Airee siempre las prendas acabadas de limpiar en seco antes de colocarlas en el ropero, ya que liberarán sustancias tóxicas. No tenga aparatos como equipos musicales, televisores y ordenadores en el dormitorio. Mantenga en las habitaciones un ambiente silencioso y tranquilo, y destine una habitación a sala de juegos independiente. Nunca sitúe un espejo mirando hacia la cama, ya que puede provocar agitación o insomnio. Si no lo puede eliminar, cúbralo por la noche.

SUPERIOR Y DERECHA Las habitaciones infantiles deben servir para la doble función de dormir y jugar, que requieren ambientes opuestos. El sueño es más importante, ya que es fundamental para el desarrollo del niño. El sueño de mala calidad puede provocar hiperactividad, lentitud en el aprendizaje y debilitamiento del sistema inmunológico. Los colores soporíferos y los tonos suaves calmarán a un niño inquieto, mientras que el naranja, el amarillo y el rojo estimulan la mente (así, puede utilizar estos colores en la zona de juegos). Evite instalar un televisor o un ordenador en la habitación de un niño, ya que perderá el interés por relacionarse con otros niños, una importante parte de su desarrollo social. Disponga colores intensos, juguetes y aparatos en un entorno más social donde la familia pueda compartir sus aficiones. Las televisiones y las pantallas de ordenador emiten un nivel innecesariamente alto de campos electromagnéticos en la habitación de un niño, lo que afectará a su salud. Cuando redecore el dormitorio, utilice materiales orgánicos que le permitan volver a usarlo cuanto antes. No instale a un bebé recién nacido en una habitación acabada de decorar, ya que los bebés son muy sensibles a las sustancias químicas, y la exposición durante 8 a 12 horas cada día podría sobrecargar su sistema inmunológico. Los suelos de madera contribuyen a crear entornos más sanos desde el punto de vista de las alergias, ya que acumulan menos polvo. Una pieza de muselina sobre la cuna ayuda a delimitar el espacio destinado al descanso del bebé, y es mejor que colocarle móviles sobre la cabeza.

EL CUARTO DE BAÑO: HIGIENE Y RELAJACIÓN

En la actualidad, cada vez resulta más difícil encontrar tiempo para atender nuestras necesidades físicas. El cuarto de baño debería ser un refugio privado dedicado a la higiene, la tonificación, la contemplación, los mimos y el embellecimiento, así que debe ser una estancia sana y tranquilizadora. El agua, principal elemento del cuarto de baño, siempre se ha asociado con la purificación y la sanación. No obstante, también conduce vibraciones electromagnéticas y sustancias químicas disueltas, de modo que es preciso comprobar su calidad e instalar un filtro adecuado. Asimismo, debe comprobar los campos electromagnéticos que irradian del grifo. Si la instalación eléctrica discurre junto a cañerías de cobre, muy conductoras, los campos electromagnéticos viajarán a través del sistema y absorberán su energía cuando se duche o se bañe. En cuanto a los productos para el baño, lea las etiquetas y elija artículos con ingredientes naturales: las sustancias químicas presentes en estos productos pueden ser neurotóxicas, causar dolores de cabeza y depresión.

CLAVE

uno El moho, al que le gustan los lugares oscuros y húmedos, resulta dañino para las personas con problemas respiratorios. Las alfombras mantienen la humedad que favorece la aparición de moho, por lo que es preferible escoger suelos de madera o baldosas. En lugar de utilizar limpiadores antimoho en aerosol, emplee una solución de bórax en las juntas y otras superficies del baño.

dos Asegúrese de que entre la mayor cantidad posible de luz y ventile la estancia abriendo las ventanas o instalando un extractor.

tres Elija el mobiliario de baño con detenimiento: debe estar fabricado con materiales naturales, como madera, en lugar de sintéticos. Utilice toallas de algodón sin tratar.

cuatro Evite utilizar cristal para los estantes, ya que es un material incómodo cuando nos encontramos en un momento de máxima vulnerabilidad. Los mejores estantes son, sin duda, los de madera.

cinco Resulta muy agradable ducharse al final de una jornada de trabajo, ya que así se revitalizará limpiando el cuerpo de los efectos adversos de los campos electromagnéticos perjudiciales a los que se haya encontrado expuesto durante el día.

seis Un baño caliente con sulfato de magnesio y un puñado de gránulos de bicarbonato de sodio ayuda a eliminar toxinas. Una sauna diaria también puede resultar beneficiosa. Utilice luz intensa para afeitarse y una iluminación suave (o velas) para aumentar la sensación de relajamiento cuando tome un baño.

siete El esquema cromático blanco crea un ambiente fresco y limpio. Si el blanco puro parece demasiado clínico y frío, puede añadir un toque de calidad con toallas rosas o rojas, cuadros y plantas.

ocho Resulta una buena idea instalar un gran espejo, ya que le permitirá verse casi de cuerpo entero. Es importante que no devuelva una imagen distorsionada o partida, como la que resulta de los muebles con dos puertas con espejo.

nueve Las plantas son ideales para los cuartos de baño, y es una buena idea elegir ejemplares que gusten de la humedad. Una planta es suficiente, aunque cuantas más, mejor.

SUPERIOR Este acogedor cuarto de baño es compacto y cálido. Parece un lugar ideal para relajarse debido a su estilo sencillo y antiguo y a los colores de la naturaleza. La silla y la mesa lo convierten en una estancia que invita a permanecer en ella, y el espejo cuenta con una luz por encima.

El propósito de este libro es proporcionarle un modelo sencillo para entender el efecto de diversas fuentes de estrés en nuestras vidas. No podemos pretender que responda a todas sus dudas, sino que le proporcione alguna guía para empezar a realizar elecciones diferentes y mejores con respecto a su modo de vivir y de trabajar. Procure ampliar cualquier tipo de información para tomar diferentes decisiones sobre su salud y sentir que la acción correctiva que va a emprender es la adecuada.

Por dónde empezar

En primer lugar, evalúe la salud de su familia. ¿Quién no se encuentra bien? ¿Cuánta energía tiene cada uno? ¿Qué síntomas presentan?

Lea el libro de nuevo y compruebe sus síntomas o su dolencia comparándolos con los que se mencionan en los diferentes capítulos. Así puede llegar a la conclusión sobre qué zona debe abordar primero, o tal vez decida tratar cada factor estresante por separado, uno tras otro.

Comience por ser positivo

Es posible que algunas de las informaciones de este libro le hayan sorprendido o incluso perturbado. Al avanzar y decidir qué paso va a seguir a continuación, lo primero que debe hacer es no preocuparse. El Dalai Lama aconseja que cuando nos enfrentemos al miedo hay que centrar la energía de nuestra preocupación en averiguar exactamente qué podemos hacer, y hacerlo. Si no hay nada que podamos hacer para resolver el problema, no hay que preocuparse. La preocupación constante es un factor estresante interno que puede resultar tan perjudicial como cualquier otro de los estresantes ambientales que hemos tratado en este libro. Mantenga una visión positiva de la vida y hágalo lo mejor que pueda.

Céntrese en permanecer sano

Más vale prevenir que curar. No espere a ponerse enfermo para realizar cambios. Con tantas personas que sufren de falta de energía y toda una gama de dolencias que absorben energía, la mayoría de los sistemas de salud de las naciones desarrolladas no pueden hacer frente a todos los problemas con eficacia. La solución consiste en que nosotros tomemos la responsabilidad de nuestra propia salud.

El mejor modo de hacerlo pasa por adoptar algunas medidas preventivas para estar bien (sobre todo si tenemos en cuenta que los expertos en medicina preventiva calculan que el 70 % de las enfermedades se pueden prevenir a través de una dieta sana). Cuando un alto responsable de medicina del Reino Unido se retiró, en septiembre de 1998, su informe final afirmaba que era inútil que el gobierno gastase más dinero en salud hasta que la población tuviese la voluntad de responsabilizarse de su propio estilo de vida, poco sano.

Tome medidas para protegerse

Debemos reconocer que existen nuevas amenazas para la salud. Aunque no podamos verlo, el campo energético que nos rodea necesita protección. Del mismo modo que debemos llevar prendas protectoras –como una mascarilla de algodón contra el polvo, guantes de goma, botas con puntera de acero– según la actividad, necesitamos empezar a utilizar dispositivos que protejan nuestros campos energéticos. Son vitales para nuestra salud, pero reciben el ataque constante de las radiaciones y los contaminantes, tanto en el trabajo como en casa.

Sea un consumidor más responsable

Muy pocos productos incluyen información respecto al potencial efecto perjudicial sobre nuestra salud. Actualmente, gracias a Internet, tenemos acceso a una cantidad de información sin precedentes. Como consumidor puede obtener mucha más información y así tomar las decisiones más acertadas sobre sus compras y seleccionar aquellos productos que tendrán un impacto más positivo en la salud de toda la familia.

Haga preguntas, lea las etiquetas, compre menos productos o aparatos, revise su necesidad de comprar, evite el uso de demasiados productos químicos, coma productos orgánicos, cambie su estilo de vida y verá cómo mejora su salud. También podemos reconocer que todo lo que compramos o hacemos ejerce un impacto (cualquier cosa que dañe el planeta, nos perjudica también a nosotros). Existe un ciclo de conexión según el cual todo lo que pasa, regresa. Cualquier decisión que tomemos para mejorar nuestra salud y la calidad de nuestro ambiente doméstico también mejorará la calidad de vida de las otras personas que nos rodean. Esa conexión es tan fuerte que todo lo que hagamos en nuestra casa para cambiar nuestra vida tendrá su reflejo en el mundo.

DERECHA Las situaciones estresantes, los problemas y las fechas límite suelen ser inevitables, pero resultan mucho más fáciles de manejar si podemos tomarnos un momento para recargar nuestra energía. Cuídese. Si no puede pasear por un entorno natural, media hora de descanso en su refugio personal le ayudará a recuperar el equilibrio.

Toxinas en el cuerpo

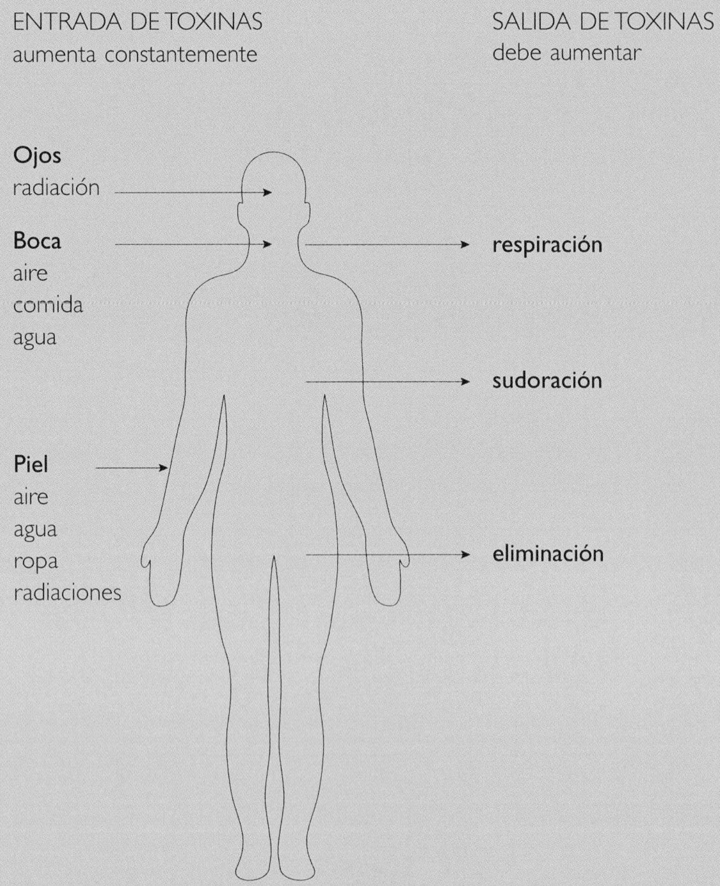

Toxinas en casa

Impóngase objetivos para su salud

Un estudio realizado por la Fundación para la Artritis en Estados Unidos en el año 2000 afirma que el 89 % de los adultos sufre dolor cada mes, pero casi dos tercios sólo acuden al médico cuando ya no lo pueden soportar. Muchas personas que participaron en el estudio (el 80 %) creían que los dolores sólo formaban parte del envejecimiento. Considere el dolor y la enfermedad como señales de su cuerpo de que algo en su estilo de vida, su dieta o su entorno le está perjudicando. Póngase como objetivo una salud de hierro y llena de energía en lugar de conformarse con la ausencia de enfermedades.

Busque ayuda y apoyo

Al principio de introducir cambios en su rutina y sus compras habituales, es posible que le resulte desalentador. Contacte con una tienda de dietética si todavía no es cliente de alguna. Le darán mucha información y despejarán muchas dudas. Lea su tablón de anuncios, compre revistas de salud y consulte en Internet. Visite a un especialista en medicina complementaria y pídale ayuda para introducir cambios en su estilo de vida. Llame a un profesional que le ayude a cambiar su entorno doméstico. Examine sus propias necesidades sometiéndose a pruebas de sensibilidad a los alimentos y de alergias.

Los niños necesitan una atención especial

Los niños son mucho más sensibles a las presiones ambientales, al igual que las radiaciones y las toxinas perjudiciales ejercen mayor impacto en sus pequeños cuerpos en desarrollo. La naturaleza de la infancia también cambia de forma espectacular. Antes, los niños jugaban activamente; ahora, muchos se entretienen solos frente a la televisión, el ordenador y con los teléfonos móviles.

Un estudio realizado con 1.300 niños, publicado en junio de 2000 por la Universidad Humboldt de Berlín, llegó a la conclusión de que los jóvenes de familias con más ingresos tienen más probabilidades de caer víctimas de alergias que aquellos que son de familias menos acomodadas. Esto lleva a una teoría relacionada con el hecho de que los niños de familias de clase media crecen en casas limpias, equipadas con ordenador, y pasan menos tiempo jugando al aire libre. Este estilo de vida implica que evitan la exposición a los gérmenes que ayudan a desarrollar resistencia y refuerzan la función inmune, por lo que tienen más riesgos de sufrir asma y eccemas.

SUPERIOR Los dos aspectos más importantes de una vida sana son una buena dieta y un sueño de calidad. Asegúrese de que su dormitorio le proporciona el ambiente perfecto para disfrutar de un sueño profundo y reparador. Rodéese de un entorno sencillo, con pocos focos de alergia, materiales naturales y sin radiación electromagnética, y compruebe la ausencia de geopatía.

Prepárese para una vejez sana

La esperanza de vida aumenta continuamente (en los cincuenta últimos años se ha duplicado). Si los expertos en salud mantienen que podemos controlar el 40 % de los elementos que influyen en la longevidad, nuestra vida realmente está en nuestras manos. Y si nuestro retiro ya no consiste en descansar, sino en algo así como el comienzo de un nuevo y emocionante capítulo, debemos asegurarnos de que estamos en forma, gozamos de claridad mental, energía y flexibilidad para disfrutarlo.

Mente, cuerpo y también espíritu

Al cuidarnos más, debemos recordar que nuestra naturaleza espiritual también necesita alimento. Un psicólogo americano que estudió a 126.000 personas descubrió que las que asistían a misa (o a otro lugar de oración) tenían más del 30 % de probabilidades más de vivir más años. Independientemente del modo en que decidamos recuperar la conexión con nuestra vida espiritual, esa búsqueda supondrá una gran diferencia no sólo para nuestra salud personal, sino también para la salud de la humanidad y del planeta.

DERECHA La vida es demasiado corta para no encontrar algún modo de ser feliz. Reduzca el estrés, revise las horas que trabaja, cambie su rutina y mejore la calidad de su casa y de su salud. Haga lo que sea necesario para poder disfrutar de cada nuevo día. Una actitud feliz y optimista le ayudará a disfrutar de la vida al máximo y a vivir más tiempo.

INFORMACIÓN ADICIONAL

RECURSOS

www.gea-es.org
Esta dirección ofrece información referente a la salud del hábitat, los efectos de la contaminación electromagnética y la salud, bioconstrucción, materiales sanos y energías limpias.

www.thehealthyhome.com
Esta dirección (en inglés) ofrece una lista completa de contactos y recursos internacionales. Asimismo, incluye un registro de profesionales del feng shui, zahoríes, armonizadores de casas y especialistas que pueden evaluar los problemas relacionados con los campos electromagnéticos. También incluye un catálogo de productos y detalles sobre cursos, talleres y conferencias.

Puede contactar con Gina Lazenby en:
The Healthy Home, PO Box 249,
Keighley, Yorkshire, BD20 8YN
Gina@thehealthyhome.com
Información sobre The Healthy Home: tel. +44 7000 336474

LECTURAS RECOMENDADAS

- Chiazzari, Suzy, *Color*, Blume, Barcelona, 1999.
- Lazenby, Gina, *Feng Shui*, Blume, Barcelona, 1999.
- Lazenby, Gina, *El feng shui en la decoración*, Blume, Barcelona, 1998.
- Mitchell, Emma, *Energía*, Blume, Barcelona, 1999.
- Oberbeil, Klaus / Lentz, Christiane, *Alimentos con propiedades curativas y preventivas*, Blume, Barcelona, 1999.
- Wilhide, Elizabeth / Copestick, Joanna, *Decoración natural*, Blume, Barcelona, 1998.

ÍNDICE

AGRADECIMIENTOS

El editor desea agradecer a los siguientes fotógrafos y agencias su amable permiso para reproducir las fotografías de este libro.

2 Ray Main/Mainstream; **3** Abode UK; **5** superior izquierda Michael Busselle; **5** superior derecha Simon Brown/The Interior Archive; **5** centro izquierda Alexander van Berge; **5** centro derecha Jacqui Hurst; **5** inferior izquierda Ingalill Snitt; **5** inferior derecha F. Lemarchand/Marie France; **6** Alexander van Berge; **10** Abode UK; **12** Simon Upton/The Interior Archive; **14** Deide von Schaewen; **15** izquierda Andrew Wood/The Interior Archive; **15** derecha Camera Press; **16** izquierda Lizzie Orme/Robert Harding; **16** derecha Sandra Lane/Robert Harding; **17** Gloria Nicol/Robert Harding; **18** Ray Main/Mainstream; **19** izquierda Earl Carter/Belle/Arcaid/(diseño Christian Liaigre); **19** derecha Laurence Dutler/Getty Images; **20** J.C. N´Diaye/Camera Press; **21** Ray Main/Mainstream; **22** M.Vanmoerkerke/Verne Fotografie; **23** Ray Main/Mainstream; **24** Andrew Wood/The Interior Archive/(diseño Peter Wylly/Babylon Design); **26** Tim Beddow/The Interior Archive/(diseño Melissa Stevenson); **27** izquierda Peter Poulides/Getty Images; **27** derecha Dennis O´Clair/Getty Images; **30** Paul Ryan/International Interiors/(diseño Francine Gardiner); **32** Ingalill Snitt; **34** Paul Ryan/International Interiors/(diseño G. Pensoy); **35** izquierda Fritz von der Schulenburg/The Interior Archive/(diseño John Stefaridis); **35** derecha Paul Ryan/International Interiors; **36** Paul Ryan/International Interiors/(diseño Caroline Breef); **37** Ray Main/Mainstream; **38** izquierda Simon Brown/The Interior Archive; **39** izquierda Jacques Dirand/The Interior Archive/(propiedad de Gerard Decooter); **39** derecha Deidi von Schaewen; **40** Fritz von der Schulenburg/The Interior Archive/(propiedad de Joanne Crevelung); **41** Ingalill Snitt; **42** izquierda Jacqui Hurst; **42** derecha Morel M. Pierre/Marie Claire Maison (estilismo Daniel Rozensztroch); **44** Luc de Champris/Marie France/(estilismo M. Boquillon); **45** Jacqui Hurst; **46** F. Le Marchand/Marie France (diseño Armand Ventilo); **47** Paul Ryan/International Interiors/(diseño Kristina Ratia); **48** Tim Beddow/The Interior Archive/(diseño Kathryn Ireland); **50** superior Paul Ryan (MC2 Design)/International Interiors; **50** inferior Tim Beddow/The Interior Archive/(diseño Colin Childerley); **51** Camera Press/(Conran/Willcocks Home); **52** Paul Ryan/International Interiors/(arquitecto Jacob Crunstedt); **53** Deidi von Schaewen; **54** Abode UK; **55** Paul Ryan/International Interiors/(diseño Christian Liaigre); **56** Paul Ryan/International Interiors/(diseño Francine Gardiner); **57** Deidi von Schaewen; **58-59** Fritz von der Schulenburg/(arquitecto Nico Rensch)/ The Interior Archive; **61** izquierda Simon Upton/The Interior Archive; **61** derecha Simon Upton/The Interior Archive; **62** izquierda Brian Carter/The Garden Picture Library; **62** derecha Jerry Pavia/The Garden Picture Library; **66-67** Frank Herholdt/Getty Images; **67** David Harding/GettyOne Stone; **68** izquierda Tim Beddow/The Interior Archive (diseño Marie France Brown); **68** derecha Merel M. Pierre/Marie Claire Maison; **72-73** fotografía principal Tim Beddow/The Interior Archive; **75** Joff Lee/Anthony Blake Library; **76** Joff Lee/Anthony Blake Library; **78** Michelle Garrett/Insight Photo Library; **81** Tim Beddow/The Interior Archive; **82** Michelle Garrett/Insight Photo Library; **83** superior Ray Main/Mainstream; **83** inferior Insight Photo Library; **84** Tim Beddow/The Interior Archive; **85** Paul Ryan/International Interiors (diseño Mary Foley); **86** fotografía principal Suki Coughlin/Camera Press; **87** Michele Garrett/Robert Harding; **88** Andrew Wood/The Interior Archive; **89** Tim Imrie/Anthony Blake Library; **90-91** Caroline Penn/IMPACT; **93** izquierda Carol Ford/Getty Images; **93** derecha Phillip Condit/Getty Images; **94** James Darrell/Getty Images; **95** Edina van der Wyck/The Interior Archive; **96** Jane Legate/The Garden Picture Library; **97** Mayer-Le Scanff/The Garden Picture Library; **99** Tim Beddow/The Interior Archive; **100-101** Camera Press/(Conran/Willcocks Home); **102** John Lund/Getty Images; **103** NASA/K. Horgan/Getty Images); **104** Paul Grebliunas/Getty Images; **106** Fair Lady/Camera Press; **107** Fritz von der Schulenburg/The Interior Archive; **113** izquierda Tosi Nicholas/Marie Claire Maison; **113** derecha Simon Brown/The Interior Archive; **114** Gilles de Chabaneix/Marie Claire Maison/(propiedad de Jenny Jackson); **115** Simon Brown/The Interior Archive; **116** izquierda Christopher Drawe/Robert Harding/(IPC Magazines Ltd.); **116-117** Fritz von der Schulenburg/The Interior Archive; **118** Fritz von der Schulenburg/The Interior Archive; **119** Paul Ryan/International Interiors (diseño Sharone Einhorn); **120** Jacques Dirand/The Interior Archive; **121** izquierda Simon Mc Bride/The Interior Archive; **121** derecha Dominic Blackmore/Robert Harding/IPC Syndication; **122** Tim Beddow/The Interior Archive; **123** Andrew Wood/The Interior Archive; **124** izquierda Cecilia Innes/The Interior Archive; **124-125** Ray Main/Mainstream; **126-127** Morin Ardoui/Marie Claire Maison; **128** Alexander van Berge; **130-131** Tim Beddow/The Interior Archive (artista Martin Mooney); **132-133** Henry Wilson/The Interior Archive/(diseño Roger Lockhardt); **133** izquierda Richard Felber; **133** derecha Paul Ryan/International Interiors/(propiedad de Kristina y Bjorn Sahlquist); **134-135** Paul Ryan/International Interiors/(diseño Gennifer Houser); **136** Ray Main/Mainstream; **137** Deidi von Schaewen; **138-139** Tim Beddow/The Interior Archive/(artista Martin Mooney); **140-141** Harry Archer/Viewpoint; **142** Andrew Wood/The Interior Archive/(propiedad Mandy Oakley); **143** izquierda Richard Felber; **143** derecha Russel Sadur/Inspirations/Robert Harding; **144-145** Tim Beddow/The Interior Archive/(diseño Karen Newman); **146** izquierda Fritz von der Schulenburg/The Interior Archive/(diseño Mimi O´Connell); **146** derecha Dominic Blackmore/Homes and Ideas/IPC Syndication; **147** Mads Mogensen; **148-149** Tim Beddow/The Interior Archive; **149** derecha Elizabeth Whiting & Associates; **151** Paul Ryan/International Interiors (diseño Sharone Einhorn); **153-155** Ray Main/Mainstream.

Hemos realizado el máximo esfuerzo por nombrar a todos los propietarios de los derechos de copia. Pedimos disculpas por adelantado en caso de omisión inintencionada e incluiremos los agradecimientos oportunos en siguientes ediciones.

Agradecimientos de la autora

En primer lugar, un enorme agradecimiento a mi compañero, Morel Fourman, porque sin su perspicacia y sin el viaje que hemos emprendido juntos en la creación de nuestra propia casa sana este libro no habría sido posible. También deseo expresar mi enorme gratitud por el apoyo de mi editora, Emma Clegg, que ha tenido la paciencia de una santa y a quien pido disculpas por provocarle tantos dolores de cabeza cuando se acercaban las fechas límite y nos veíamos obligadas a reorganizar el trabajo. También deseo dar las gracias al resto del equipo de Conran Octopus que han participado en alguna fase del libro, incluyendo a Mary Lambert, Lucy Holmes, Isobel de Cordova, Julia Pashley, Lucy Nicholson, Lara McCann y Kate Haxell. Gracias también a Susannah Gough por ayudarme a ponerme en marcha.

Como ocurre con cualquier gran proyecto, hay muchas personas que me han apoyado, me han animado o me han hecho alguna sugerencia, todo ello importante para el resultado final. Mis disculpas si no incluyo a todos, pero cada uno tiene mi más sincera gratitud por haber estado ahí cuando le he necesitado. Me gustaría dar las gracias en particular a Ellie Baker por ilustrar tan bien las técnicas de armonización del hogar en las fotografías. Gracias también a Alasdair y Jean Philips, de Powerwatch; Frans Van Til, Antonia Chavasse, Robert Borruso (de Construction Resources), Jon Sandifer, Jan Cisek, Pat Duggan, Ann Currie, Janette Crabtree, Rolf Gordon, Catherine McNaughton, Jules Klapper y John Jukes. Todos han contribuido de algún modo a la precisión del contenido de este libro. Un agradecimiento especial más a Perspective Scientific Limited, que nos ha proporcionado un monitor de radiación de mano para las fotografías.

Gracias a Joan Spear por su ánimo incansable y a mi familia, a quienes –estoy segura– les hubiese gustado verme un poco más durante esta etapa de escritura, y a pesar de lo cual se ha mostrado comprensiva. También deseo dar las gracias a Nellie, cuyos consejos sobre nutrición han ejercido un gran impacto en mi vida, y a Keith Ashton, Borut Lovrecic y Anthony Robbins. Mi agradecimiento a los profesores que formaron parte del programa educativo de la Feng Shui Network International y que han compartido conmigo gran parte de sus conocimientos sobre salud, en especial William Spear, Roger Green, Bob Longacre, David Pearson, Jeannie Towers, Karen Kingston, Roger Coghill y Richard Creightmore, así como a los muchos estudiantes y licenciados que han participado en nuestros programas. Gracias a los que han participado en el programa práctico de Armonizador del hogar, sobre todo a Denise Linn por apoyarme con la visión original y a Faith Tame y Davina Shadwick, que me han ayudado a ponerlo en marcha, así como a las muchas personas que se interesaron por acudir a mis cursos. Finalmente, me gustaría expresar mi gratitud a los autores, editores, investigadores y profesores dedicados a proporcionar información, formación y recursos para que podamos hacer de este mundo un lugar más sano (con un agradecimiento especial a Caroline Myss, el doctor Norman Shealy, Lynn McTaggart, Carol Venolia, Debra Lynn Dadd, Jacques Surbeck, el doctor Hans Hertl, Michio y Aveline Kushi y el doctor Andrew Weil).